BIBLIOTHÈQUE
DE L'ÉCOLE
DES HAUTES ÉTUDES

PUBLIÉE SOUS LES AUSPICES
DU MINISTÈRE DE L'INSTRUCTION PUBLIQUE

SCIENCES PHILOLOGIQUES ET HISTORIQUES

SIXIÈME FASCICULE

DES FORMES DE LA CONJUGAISON EN ÉGYPTIEN ANTIQUE, EN DÉMOTIQUE ET EN COPTE, PAR G. MASPERO, RÉPÉTITEUR DE LANGUE ET D'ARCHÉOLOGIE ÉGYPTIENNES A L'ÉCOLE DES HAUTES ÉTUDES.

PARIS
LIBRAIRIE A. FRANCK
F. VIEWEG, PROPRIÉTAIRE
RUE RICHELIEU, 67
1871

EN VENTE A LA MÊME LIBRAIRIE.

BIBLIOTHÈQUE DE L'ÉCOLE PRATIQUE DES HAUTES ÉTUDES, publiée sous les auspices de S. E. M. le Ministre de l'Instruction publique.

1er fascicule : La Stratification du langage, par Max Müller, traduit par M. Havet, élève de l'École des hautes Études. — La Chronologie dans la formation des langues indo-germaniques, par G. Curtius, traduit par M. Bergaigne, répétiteur à l'École des hautes Études. 4 fr.

2e fascicule : Études sur les Pagi, par A. Longnon, élève de l'École des hautes Études. 3 fr.

3e fascicule : Notes critiques sur Colluthus, par Ed. Tournier, répétiteur à l'École des hautes Études. 1 fr. 50

4e fascicule. Nouvel Essai sur la formation du pluriel brisé en arabe, par Stanislas Guyard, répétiteur à l'École des Hautes Études. 2 fr.

BENLŒW (L.). Précis d'une théorie des Rhythmes. Première partie : Rhythmes français et Rhythmes latins, pour servir d'appendice aux Traités de rhétorique. In-8°. 3 fr. 50

— Précis d'une théorie des Rhythmes. Deuxième partie : Des Rhythmes grecs et particulièrement des modifications de la quantité prosodique amenées par le rhythme musical. In-8°. 4 fr.

BOSSERT (A.). Des caractères généraux de la littérature allemande. Discours prononcé à l'ouverture du Cours de littérature allemande à la Sorbonne. In-8°. 1 fr.

BOUCHERIE (A.). Cinq formules rhythmées et assonancées du VIIe siècle. In-8°. 3 fr.

BRÉAL (M.). De la forme et de la fonction des mots. In-8°. 1 fr.

CASATI (C.-C.). Richars li biaus. Roman inédit du XIIIe siècle, en vers, analyse et fragments publiés pour la première fois d'après un manuscrit de la Bibliothèque de l'Université de Turin. Petit in-8°. 2 fr.

— Le même, sur papier vergé. 3 fr.

CHABANEAU (C.). Histoire et théorie de la conjugaison française. In-8°. 4 fr.

COLLECTION HISTORIQUE. Recueil de travaux originaux ou traduits, relatifs à l'histoire et à l'archéologie. Premier fascicule : Études sur les Pagi, par A. Longnon, gr. in-8°, accompagné de deux cartes. 3 fr.

— Deuxième fascicule : Recherches chronologiques et biographiques sur Pline le jeune, par Th. Mommsen, traduites par Ch. Morel (*en préparation*).

COLLECTION PHILOLOGIQUE. Recueil de travaux originaux ou traduits, relatifs à la philologie et à l'histoire littéraire. Premier fascicule : La théorie de Darwin; de l'importance du langage pour l'histoire naturelle de l'homme, par A. Schleicher. In-8°. 2 fr.

— Deuxième fascicule : Dictionnaire des doublets ou doubles formes de la langue française, par A. Brachet. In-8°. 2 fr. 50

— Troisième fascicule : De l'ordre des mots dans les langues anciennes comparées aux langues modernes, par H. Weil. In-8°. 3 fr. 50

NOUVELLE SÉRIE.

Premier fascicule : De la stratification du langage, par Max Müller, traduit par M. Havet. — La Chronologie dans la formation des langues indo-germaniques, par G. Curtius, traduit par M. Bergaigne, répétiteur à l'École des hautes Études. Gr. In-8°. 4 fr.

2e fascicule : Notes critiques sur Colluthus, par Ed. Tournier, répétiteur à l'École des hautes Études. 1 fr. 50

DIEZ (F.). Introduction à la grammaire des langues romanes, traduit de l'allemand par G. Paris. In-8°. 3 fr.

DU MÉRIL (E.). Essai philosophique sur la formation de la langue française. In-8°. 8 fr.

ÉTUDES philologiques sur quelques langues sauvages de l'Amérique, par N. O., ancien missionnaire. In-8°. 6 fr.

FLAMENCA (le roman de), publié d'après le manuscrit unique de Carcassonne, avec introduction sommaire, notes et glossaire, par M. P. Meyer. Gr. in-8°. 12 fr.

GLOSSÆ hibernicæ veteres codicis Taurinensis, ed. C. Nigra. Gr. In-8°. 6 fr.

GRIMM (J.). De l'origine du langage, traduit de l'allemand par F. de Wegmann. In-8°. 2 fr.

GUESSARD (F.). Grammaires provençales de Hugues Faidit et de Raymon Vidal de Besaudun, XIIIe siècle. 2e édit. In-8°. 5 fr.

GWERZIOU-BREIZ-IZEL. Chants populaires de la Basse-Bretagne, recueillis et traduits par M. F.-M. Luzel. 1re partie. Gwerz. In-8°. 8 fr.

HATOULET (J.) et PICOT (E.). Proverbes béarnais recueillis et accompagnés d'un vocabulaire et de quelques proverbes dans les autres dialectes du midi de la France. In-8°. 6 fr.

BIBLIOTHÈQUE
DE L'ÉCOLE
DES HAUTES ÉTUDES

PUBLIÉE SOUS LES AUSPICES

DU MINISTÈRE DE L'INSTRUCTION PUBLIQUE

SCIENCES PHILOLOGIQUES ET HISTORIQUES

SIXIÈME FASCICULE

DES FORMES DE LA CONJUGAISON EN ÉGYPTIEN ANTIQUE, EN DÉMOTIQUE ET EN COPTE, PAR G. MASPERO, RÉPÉTITEUR DE LANGUE ET D'ARCHÉOLOGIE ÉGYPTIENNES A L'ÉCOLE DES HAUTES ÉTUDES.

PARIS
LIBRAIRIE A. FRANCK
F. VIEWEG, PROPRIÉTAIRE
RUE RICHELIEU, 67
1871

DES FORMES

DE LA CONJUGAISON

EN

ÉGYPTIEN ANTIQUE, EN DÉMOTIQUE
ET EN COPTE,

PAR

G. MASPERO,

RÉPÉTITEUR DE LANGUE ET D'ARCHÉOLOGIE ÉGYPTIENNES
A L'ÉCOLE DES HAUTES ÉTUDES.

PARIS
LIBRAIRIE A. FRANCK
F. VIEWEG, PROPRIÉTAIRE
RUE DE RICHELIEU, 67
1871

INTRODUCTION.

Jusqu'à présent la grammaire égyptienne a été l'objet d'études purement empiriques : Champollion et Birch, dans leurs grammaires hiéroglyphiques, Brugsch, dans sa grammaire démotique, ont réussi à déterminer les formes qu'on rencontre dans les textes, mais sans chercher ni à les déduire l'une de l'autre, ni à donner la raison de leur emploi. J'ai essayé de réunir dans le présent Mémoire toutes les formes que mes prédécesseurs avaient signalées ou que j'ai relevées au cours de mes études, de les coordonner plus exactement qu'on n'avait fait jusqu'à présent, et de donner autant que possible leur origine et le sens primitif de leurs parties constituantes. Je me suis efforcé de prendre chacune des formes que j'étudiais telle qu'elle est dans les textes les plus anciens, de les suivre à travers tous les stages de la langue, de l'hiéroglyphique de l'Ancien-Empire à celui du Nouvel-Empire, au démotique et enfin au copte. En un mot, j'ai voulu retracer aussi consciencieusement que possible toutes les vicissitudes qu'a traversées la conjugaison égyptienne, depuis le jour où nous la rencontrons pour la première fois sur les anciens monuments, jusqu'au jour de sa complète disparition.

Comme il s'agissait du système de conjugaison et non pas du verbe lui-même, je me suis occupé des faits qui m'ont paru être des accidents de conjugaison et nullement des formes qui constituent une altération de la racine verbale. J'ai supposé connue la théorie des racines primitives en égyptien, me réservant de l'exposer dans un travail spécial ; j'ai laissé de côté l'étude des formes intensives qui résultent de la préfixion à la racine des lettres *d*, *s*, *r*, et qui changent le sens de la racine sans altérer en rien le système de la conjugaison ; enfin, pour la connaissance des pronoms personnels j'ai renvoyé au Mémoire que j'ai publié récemment à ce sujet dans le Journal Asiatique. De même, toutes les fois que j'ai eu l'occasion de citer des formes coptes, je me suis inquiété d'indiquer leur origine en ancien égyptien et de montrer par quels procédés elles sont sorties de la langue antique, plutôt que d'entrer dans le détail de leur emploi. Les grammaires coptes de Peyron et de Schwartze, si complètes pour toutes les règles d'usage, m'ont épargné ce soin, et j'ai cru devoir n'insister que sur les points où mes opinions diffèrent des leurs.

Quant aux sources principales de mon travail, il m'est facile de les indiquer en peu de mots. La grammaire de Champollion et surtout celle de Birch sont si connues, qu'afin d'éviter une trop grande accumulation de notes j'ai cru pouvoir ne les citer qu'en cas de dissentiment. La troisième partie de la Chrestomathie égyptienne de M. de Rougé, qui doit traiter du verbe, n'a pas encore paru, et je n'ai pas assisté aux leçons qu'il a faites sur la matière au Collége de France. Je suis donc exposé à me rencontrer avec lui sur bien des points et à donner, comme des nouveautés, des remarques qu'il a faites il y a bientôt dix ans. J'espère qu'il voudra bien m'excuser de reprendre ainsi des sujets qu'il a déjà traités, et agréer ici l'expression des sentiments d'admiration et de reconnaissance que j'ai conçus pour lui depuis que j'ai l'honneur d'être son élève et son obligé.

G. Maspero.

Paris, le 11 octobre 1871.

De la Conjugaison.

Deux faits caractérisent surtout la conjugaison égyptienne : 1° une extrême pénurie de temps et de modes, puisque temps et modes se réduisent à deux qui expriment d'une manière générale, le premier l'idée de l'action présente, la seconde l'idée de l'action passée ; 2° une tendance à préciser la valeur verbale, attribuée à la racine conjuguée, par divers artifices de langage, adjonction de verbes auxiliaires, intercalation de particules, accumulation et répétition des sujets. Il résulte de cette tendance que chaque verbe peut conjuguer les deux temps qu'il possède de trois façons différentes :

1° En joignant au thème du temps le sujet, quel qu'il soit ;

2° En accolant au verbe une ou plusieurs autres racines verbales qui jouent le rôle d'auxiliaires ;

3° En intercalant entre l'auxiliaire et le verbe une préposition qui marque la direction de l'action accomplie ou subie par le sujet.

§ — I.

1° En joignant au thème du verbe le sujet quel qu'il soit.

1. En Égyptien ancien

Dans ce premier cas, le présent se forme, sans l'entremise d'un exposant temporel, par la juxtaposition pure et simple du sujet au verbe. Si le sujet est un pronom personnel absolu, il se place devant la racine,

Anŭk rex
Je sais

Si c'est un pronom suffixe, il se place immédiatement après le verbe

Mer - a — Mer - [e]k
J'aime — Tu aimes

Le nom ou le membre de phrase sujet se place indifféremment avant ou après le verbe:

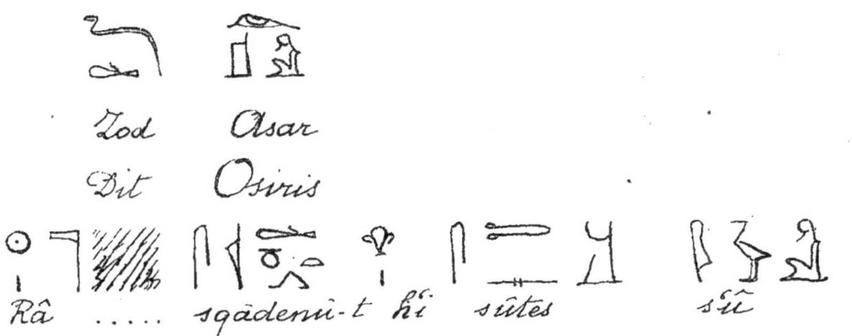

Râ ..... croise sur la région des nuages de Shû.

Enfin, le sujet peut être exprimé deux fois dans la même période, 1° avant le verbe, soit par un pronom personnel absolu, soit par un nom ou un membre de phrase; 2° après le verbe, au moyen des pronoms suffixes:

Anûk mer - a
Moi, j'aime,

Atew - a zod-[e]w
Mon père il dit.

Ces combinaisons rendent toutes les nuances du présent et du futur: J'aime et J'aimerai. Les Egyptiens n'éprouvaient pas le besoin de préciser par une marque spéciale l'idée de futur. Ils se bornaient à énoncer le fait de l'action et laissaient à l'esprit le soin de suppléer l'instant de la durée auquel cette action était présente. Ce report de l'esprit vers un temps qui n'est pas le temps présent est admissible pour le passé comme pour l'avenir : zod-a, ari-a signifient souvent : J'ai fait, j'ai dit. Cependant, on indiquait régulièrement le passé en intercalant an, n, entre le verbe et le sujet quel qu'il fût, nom, membre de phrase, ou pronom suffixe.

Zod-An-Asar
A dit Osiris

Ari-n-paï neb-a
A fait mon seigneur

Rex-n-a
J'ai su

, , N, exposant du passé, se rattache au terme [nû], ûn, être, et à ses dérivés.[1] mer-n-a, acte d'aimer qui est moi, acte d'aimer de moi, acte d'aimer qui appartient à moi, désigne également la

[1] Voir au Journal Asiatique, 1871, le Mémoire sur le pronom en Egyptien, l'explication et la dérivation de , , .

possession et l'accomplissement par le sujet de la qualité ou de l'action contenue dans la racine verbale. En Français, J'ai aimé signifie : Je possède, je tiens aimé (habeo amatum), et le verbe de possession devenu auxiliaire marque le temps passé : chose possédée est chose passée. De même en Egyptien : la phrase qui exprime un rapport de possession exprime aussi un rapport de temps et le passé du verbe.

Présent ou passé, les deux temps du verbe égyptien impliquaient donc une idée de possession : [hiéroglyphes] mer-a, J'aime, est construit sur le même modèle que [hiéroglyphes] atew-a, père de moi, mon père. Ce qui distingue le présent du passé, ce n'est pas le fait même de la possession, c'est le degré d'insistance avec lequel on accuse ce fait. Quand je dis [hiéroglyphes] mer-a, aimer de moi, je signale un fait qui me concerne, mais sans appuyer ; l'idée de l'action contenue dans la racine prime l'idée de possession rendue par le suffixe ; je parle au présent. Quand je dis [hiéroglyphes] mer-n-a, aimer qui est à moi, l'idée de possession prime l'idée d'action et fait entrer dans l'esprit la notion d'une chose accomplie : je parle au passé.

La première forme de la conjugaison égyptienne peut donc se résumer dans le tableau suivant :

Présent

	Masculin	Commun	Féminin
		Singulier	
3ème pers.	Mer- ew Il aime	»	Mer- es Elle aime
2e pers.	Mer- ek Tu aimes	»	Mer- et Tu aimes
1ère pers.	»	Mer - a J'aime	»
		Pluriel	
3e pers.	»	Mer- ûn, Mer-û-u, Mer-sen Ils ou elles aiment	
2e pers.	»	Mer- ten Vous aimez	»
3ème pers.	»	Mer- an Nous aimons	»

Passé

	Masculin	Commun	Féminin
		Singulier	
3ème pers.	Mer-n-ew Il a aimé	»	Mer-n-es Elle a aimé

2ème pers. Mer-n-ek, Tu as aimé » Mer-n-et Tu as aimé

1ère pers. » Mer-n-a, J'ai aimé »

Pluriel

3ème pers. » Mer-n-ūn, mer-n-āu, mer-n-sen » Ils ou elles ont aimé

2ème pers. » Mer-n-ten Vous avez aimé »

1ère pers. » Mer-en-an Nous avons aimé »

B. En Démotique.

De même que dans la langue des textes hiéroglyphiques, le présent se forme, sans l'entremise d'un augment temporel, par la juxtaposition pure et simple du sujet au verbe. Si le sujet est un pronom personnel absolu, il se place devant la racine,

(1) zāzā sā-em aïx Entūk
la tête à suspends Tu

Si c'est un pronom suffixe, il se place immédiatement après le verbe:

(1) Papyrus gnostique de Leyde, p. IV, l. 11.

leq — māāū zu n-ten an-i zi māāū en nebu Ḥā
j'écarte, la vérité je vous apporte de vérité O seigneurs

(1) āzā n zu n-ten
le mensonge de vous

(2) herer hinū-u Ani-k
une fleur ensuite Tu apportes

(3) s- Zi
Elle dit.

Le nom ou le membre de phrase sujet se place avant ou après le verbe. Enfin le sujet peut être exprimé deux fois dans la même période : 1° avant le verbe, soit par un pronom personnel absolu, soit par un nom ou par un membre de phrase ; 2° après le verbe, au moyen des pronoms suffixes :

(4) abχū pā-k mar-ek Entūk
nudité ta tu voiles Toi

Je n'ai pas encore rencontré la forme du passé qui répond au passé antique en ain, n. Mais dans certains cas, le présent a la force du passé :

(5) n mū hāger ntī pā n tā-u Dū-i
à de l'eau, avait faim qui à des pains J'ai donné

àbī ntī pā
avait soif qui

(1) Rituel de Pamonth, p. I, l. 28-29. (2) Pap. gnost. de Leyde, p. XX, l. 23
(3) Pap. gnost. de Leyde, p. XXI, l. 19 (4) Id., ibid., l. 15.
(5) Rituel de Pamonth, p. II, l. 32. Cfr. Brugsch, Gr. Démot., p. 134-135.

Présent

	Masculin	Commun	Féminin
		Singulier	
3e pers.	w Meï- Il aime	"	s Meï- Elle aime
2e pers.	k Meï- Tu aimes	"	t Meï- Tu aimes
1e pers.	"	i Meï- J'aime	"
		Pluriel	
3e pers.	"	u Meï- Ils ou elles aiment	"
2e pers.	"	ten Meï- Vous aimez	"
1e pers.	"	an Meï- Nous aimons	"

c – En Copte.

En Copte, la première forme si usitée jadis, n'a plus d'emploi qu'à l'impératif régulier de tous les verbes, dans la conjugaison des verbes substantifs ⲁ, ⲧⲉ, être, du pseudo-auxiliaire ⲁⲣⲉ, ⲉⲣⲉ, ⲉⲗⲉ faire, dans ⲙⲁⲣⲉ T. M. B. et ⲧⲣⲉ, T. B. ⲑⲣⲉ M., enfin de ϫⲉ T. M. B. dans le composé ⲡⲉϫⲉ, dire.[1]

[1] Schwartze, Gram. Copte, p. 421-422.

La forme pleine du verbe substantif est ⲟⲓ M. ⲁⲓ, ⲱ, B. ⲱ, ⲟ T., dérivée de [hiéroglyphe] aû, démotique », ||. Par une série d'altérations successives, la diphthongue ⲟⲓ, ⲁⲓ, s'est affaiblie d'abord en ⲁ[1]:

ⲫⲏⲉⲧϫⲱⲙ̀ⲙⲟⲥ ϫⲉ ϯϣⲟⲡ ϧⲉⲛ ⲡⲓⲟⲩⲱⲓⲛⲓ

Celui qui dit ceci, à savoir « Je suis dans la lumière »,

ⲟⲩⲟϩ ⲉϥⲙⲟⲥϯ ⲙ̀ⲡⲉϥⲥⲟⲛ ⲁϥ ⲛ̀ϧⲣⲏⲓ ϧⲉⲛ ⲡⲓⲭⲁⲕⲓ

et qui hait son frère, est dans les ténèbres

ϣⲁ ϯⲛⲟⲩ.[2]

jusqu'à cette heure

puis en ⲉ[3]

Ⲉⲓ ϩⲛ̄ ⲧⲉⲧⲛ̄ⲙⲏⲧⲉ[4]

Je suis parmi vous,

avec cette distinction que la forme faible en ⲁ, ordinairement employée en Memphitique et en Baschmourique, est rare en Thébain, tandis que la forme très faible en ⲉ commune en Thébain est peu fréquente dans les deux autres dialectes.[5]

Une fois lancé dans cette voie d'affaiblissement l'égyptien y marcha jusqu'au bout. La racine ⲉ, prononcée sans doute très-légèrement au commencement

(1) Schwartze, Gr. Copt., p. 424-425.
(2) I, Jean, §2, v. 9.
(3) Schwartze, Gr. Copt., p. 425.
(4) Luc, (Vers. Théb.) XXII, 27.
(5) Schwartze, Gr. Copt., p. 430-431.

commencement des mots, disparut à la deuxième personne masculine du singulier et à la troisième du singulier et du pluriel, si bien que les pronoms suffixes privés de leur soutien, demeurèrent isolés au milieu de la phrase et se trouvèrent chargés de rendre non-seulement l'idée relative de personne, mais l'idée absolue d'être[1], ϥⲙ̄ⲙⲁⲩ, il est là, ⲥⲉ ϩⲁⲣⲙ̄ ⲡⲣⲟ, ils sont à la porte, &c.

A la deuxième personne du féminin singulier, ainsi qu'à la deuxième du pluriel et à la troisième commune du singulier et du pluriel, le pseudo-auxiliaire ⲁⲣⲉ, ⲁⲣⲓ, S. M. ⲉⲗⲉ B. se substitue aux verbes substantifs ⲁ, ⲉ. ⲁⲣⲉⲧⲉⲛ se décompose en ⲁⲣⲉ + ⲧⲉⲛ, . La deuxième personne du féminin singulier et la troisième commune du singulier et du pluriel ont la même apparence extérieure, mais diffèrent par la composition. A la deuxième personne du singulier féminin ⲁⲣⲉ, ⲉⲣⲉ contiennent le pseudo-auxiliaire ⲁⲣⲉ et l'indice ⲉ de la seconde personne du féminin singulier, tandis qu'à la troisième personne commune du singulier et du pluriel, il n'y a que le pseudo-auxiliaire ⲁⲣⲉ, ⲉⲗⲉ sans marque de personne.

A la deuxième personne du pluriel, outre ⲁⲣⲉⲧⲉⲛ, ⲉⲣⲉⲧⲛ̄, on trouve encore ⲁⲧⲉⲧⲉⲛ, ⲉⲧⲉⲧⲛ̄[2] ⲁⲧⲉⲧⲉⲛ,

---

(1) Schwartze, Gr. Copt., p. 426-427.
(2) Peyron, Gr. Copt., p. 85-86; Schwartze, Gr. Copt., p. 431.

ⲉⲧⲉⲧⲛ̄ équivaut à une forme antique [hiéroglyphes] aû-tû-ten dans laquelle le verbe substantif [hiéroglyphes] tû, copte ⲧⲉ, est suivi du pronom suffixe [hiéroglyphes] ⲧⲉⲛ, ⲧⲛ̄, et précédé du verbe substantif [hiéroglyphes] aû, copte ⲁ, ⲉ, considéré comme auxiliaire.

Le paradigme complet des trois formes que revêt en copte le verbe antique [hiéroglyphes] aû, être, peut donc se dresser comme il suit:

I_ Forme faible en ⲁ Ɓ. M. B.

Singulier

	Masculin	Commun	Féminin
3ème pers.	ⲁϥ il est	ⲁⲣⲉ (ⲁⲣ, Ɓ.) Il ou elle est	ⲁⲥ elle est
2ème pers.	ⲁⲕ tu es.	»	ⲁⲣⲉ (ⲁⲣ, Ɓ.) tu es
1ère pers.	»	ⲁⲓ Je suis	»

Pluriel

3e pers.	»	ⲁⲩ Ɓ. M. B. [hiéroglyphes] ⲁⲣⲉ M. B. ⲁⲗⲉ B. Ils ou elles sont	»
2e pers.	»	ⲁⲧⲉⲧⲉⲛ: M. B. ⲁⲧⲉⲧⲛ̄ Ɓ. B. ⲁⲣⲉⲧⲉⲛ: M. Vous êtes	»
1ère pers.	»	ⲁⲛ [hiéroglyphes] Nous sommes.	

II_ Forme très-faible en Ⲉ Ɓ. M. B.

Singulier

3e pers.	ⲉϥ Il est	ⲉⲣⲉ Ɓ. M. ⲉⲣ Ɓ. ⲉⲗⲉ B. il ou elle est	ⲉⲥ elle est

2e pers.	ΕΚ Tu es	"	ΕΡΕ, T. M. B., ΕΡ, T. ΕΛΕ B. Tu es
1ère pers.	"	ΕΙ Je suis	"

Pluriel

3e pers.	"	ΕΥ ΕΡΕ T. M. B., ΕΛΕ B. Ils ou elles sont	"
2e pers.	"	ΕΤΕΤΕΝ, T. B. ΕΤΕΤΝ T. B. ΕΡΕΤΕΝ M. Vous êtes	"
1ère pers.	"	ΕΝ Nous sommes	"

III — Forme apocopée.

Singulier

3e pers.	Ϥ Il est	"	C elle est
2e pers.	Κ T. M. B., Χ M. Τ, T. "		"
1ère pers.	"	"	"

Pluriel

3e pers.	"	CE Ils ou elles sont	"
2e pers.	"	"	"
1ère pers.	"	"	"

Ces diverses formes ne s'emploient pas indifférem-ment l'une pour l'autre. Celles en Ⲁ et en Ε mar-quent souvent le présent, plus souvent le passé.[1] La forme apocopée marque toujours le présent.[2]

(1) Schwartze, Gr. Copt., p. 424-426

(2) Peyron, Gr. Copt., p. 85-86, 93; Schwartze, Gr. Copt., p. 482.

Le verbe substantif ⲧⲉ dérive directement de l'ancien Egyptien [hieroglyphs] tū, démotique [demotic], et n'a jamais le sens du passé. Il n'est usité qu'aux personnes suivantes:

Singulier

	Masculin	Commun	Féminin
3ème pers.	"	"	"
2ème pers.	"	"	ⲧⲉ [hieroglyphs] Tu es
1ère pers.	"	ϯ, [hieroglyphs] Je suis	"

Pluriel

	Masculin	Commun	Féminin
3ème pers.	"	ⲧⲟⲩ [hieroglyphs] Ils ou elles sont	"
2ème pers.	"	ⲧⲉⲧⲉⲛ M. B. ⲧⲉⲧⲛ̄ T. M. [hieroglyphs] Vous êtes	"
1ère pers.	"	ⲧⲉⲛ, M. B. ⲧⲛ̄ T. B. [hieroglyphs] Nous sommes.	"

Ⲧⲟⲩ ne se trouve qu'après le pronom relatif ⲉⲧ, et ses formes ⲡⲉⲧ, ⲛⲉⲧ, &; alors le ⲧ initial du verbe substantif et le ⲧ final du relatif se fondent dans la prononciation au point que l'écriture supprime l'un d'eux.

Les autres verbes ⲧⲣⲉ, ⲙⲁⲣⲉ, ϣⲁⲓ et ⲡⲉϫⲉ se conjuguent régulièrement sur ⲁ, en joignant directement au radical les pronoms suffixes des personnes.(1) Les seules modifications qu'ils éprouvent sont les altérations pho-

(1) Schwartze, Gr. Copt, p. 422.

nétiques rendues nécessaires par l'adjonction à la racine des pronoms suffixes, par exemple, l'allongement de ϵ de ⲡⲉϫⲉ devant ⲥ de ⲡⲉϫⲏⲥ, j'ai dit, ou la suppression de ϵ devant ⲥ dans ⲑⲣⲥ, je fais, ⲙⲁⲣⲥ, puissé-je!

§. _ II.

2°, En accolant au verbe une ou plusieurs autres racines verbales qui jouent le rôle d'auxiliaires.

A _ En Ancien Egyptien.

Sept thèmes verbaux expriment l'idée d'être et entrent comme auxiliaires dans la conjugaison:

[hiéroglyphes] *aû* [hiéroglyphes] *tû* [hiéroglyphes] *ar*

[hiéroglyphes] *pû* [hiéroglyphes] *ûn* [hiéroglyphes] *χoper*

et [hiéroglyphes]. Comme on pense bien, ils ne l'expriment pas tous au même degré ou de la même façon. Il y a dans leur origine, dans leur signification primitive et dans leur emploi des différences essentielles qu'on ne saurait trop soigneusement observer.

[hiéroglyphes] *aû*, [hiéroglyphes] *tû*, [hiéroglyphes] *pû* et [hiéroglyphes] *ûn*, ou plutôt son primitif [hiéroglyphes] *nû*[1] forment un groupe spécial dont chaque terme a son analogue dans le groupe formé par le pronom personnel suffixe de la première personne du singulier [hiéroglyphe] *a*, *je*, et les articles [hiéroglyphes] *pâ*, *le*, [hiéroglyphes] *tâ*, *la*, [hiéroglyphes] *nâ* *les*.

---

[1] Cfr. Journal Asiatique, 1871, l'article sur le Pronom Egyptien.

aû = a + û et a

pû = p + û et pà = p + â

tû = t + û et tà = t + â

[nû] ûn } = n + û et nâ = n + â

Mettant de côté la terminaison û, commune à tous les auxiliaires, et la terminaison â, commune à tous les articles, on trouve à chaque degré de la série identité de racines entre le verbe auxiliaire et le pronom ou l'article correspondant.

Dans le cas de aû, être = a, moi, il est facile d'expliquer cette identité. Afin d'exprimer l'idée abstraite ou générale d'être, on emploie la racine qui désigne le moi. Comme pronom a, signifie je, moi; comme verbe aû marque le fait d'être moi, l'acte d'être moi, et, conjugué avec les pronoms personnels suffixes, fournit le paradigme suivant:

Singulier

3e pers. { [Le fait d'être moi de lui] Il est
[Le fait d'être moi d'elle] Elle est }

2e pers. { [Le fait d'être moi de toi]
[Le fait d'être moi de toi] } Tu es

1ère pers. Aû-a [Le fait d'être moi de moi] Je suis.

Pluriel

3e pers. { Aû-sen, / Aû-û-u } [Le fait d'être moi d'eux] { Ils ou elles sont

2e pers. Aû-ten, [Le fait d'être moi de vous] Vous êtes.

1e pers. Aû-an [Le fait d'être moi de nous] Nous sommes.

, aû, pris comme verbe auxiliaire, se combine avec les racines attributives et les pronoms personnels, indices du sujet, de trois façons différentes, selon que le sujet s'attache

1o Au verbe auxiliaire seul:

Aû-a mer atew-a
J'aime mon père,

2o A la racine attributive seule:

Aû mer-a atew-a

3o A l'auxiliaire et à la racine

Aû-a mer-a atew-a

Ces trois formes se traduisent: J'aime ou J'aimerai; mais une analyse exacte montre qu'elles arrivent au même résultat par des procédés différents. Dans la forme redoublée Aû-a mer-a, il y a juxtaposition de deux verbes indépendants Aû-a Je suis, et mer-a, J'aime.

[hiéroglyphes] Aû-a mer-a est donc une sorte d'équation: *Je suis* = *J'aime*, dont les deux termes, qui ont chacun leur valeur pleine se réunissent pour joindre à l'idée de substance [hiéroglyphes] aû l'idée d'aimer [hiéroglyphes] mer. Le sens emphatique de cette forme est souvent accru par l'intercalation, entre la racine attributive et l'exposant du sujet, de la particule [hiéroglyphe] k, vocalisée [hiéroglyphes], [hiéroglyphes] kû, en copte, ⲕⲉ, certes, assurément:

[hiéroglyphes]
Aû-a rex-kû-a [taï]t ten
Je suis; je connais certes ce livre,

« Oui, je connais ce livre. » Dans les deux autres formes [hiéroglyphes] Aû-a mer atew-a et [hiéroglyphes] Aû mer-a atew-a, la phrase ne renferme à proprement parler qu'un seul verbe, le verbe substantif [hiéroglyphes] aû. La racine attributive [hiéroglyphes] mer est prise dans la signification générale de *fait, action d'aimer*: [hiéroglyphes] mer-a, *fait d'aimer de moi, amour de moi*; [hiéroglyphes] mer atew-a, *fait d'aimer mon père*; et les phrases elles-mêmes doivent se traduire littéralement:

[hiéroglyphes]
aû mer-a atew-a
Est le fait d'aimer de moi, l'amour de moi, mon père.

[hiéroglyphes]
Aû-a mer atew-a
Je suis le fait d'aimer mon père

c'est-à-dire: *J'aime mon père.* D'une manière

absolue, quand il n'y a pas de régime, Aû-a mer, Je suis le fait d'aimer Aû mer-a Est, existe le fait d'aimer de moi; en français, J'aime, ou, au futur, J'aimerai.

Les locutions qui résultent des trois combinaisons possibles de l'auxiliaire aû avec les pronoms suffixes des personnes et les racines attributives peuvent marquer, non-seulement chacune des nuances du présent ou du passé, mais encore: 1° Si le verbe est suivi d'un régime direct, le participe présent,

Biû pû-tû qim-tû-w aû rex-ew as-t neb am.(1)
Il ne fut pas trouvé connaissant aucun endroit, là.

2° Si le verbe n'est point suivi d'un régime direct, le participe présent ou le participe passé;

Xer ar zā-t pā [mādi]ū dū-t azā-tū
Alors, le nomarque et l'officier firent conduire

pā [teb-]ti r-kā-t-ū-u r nā-u as-ūt-u aū-w
le ciseleur devant eux jusqu'aux tombeaux, les yeux

āwennū m ret sāū zeraū (2)
bandés, comme un homme qu'on garde étroitement.

Aû-ū-u sem, aû-ū-u smeti-u aû-ū-u dū-t mūt-tū nā
Allant, jugeant, donnant la mort à ceux qui

dū-ū-u mūt-ū-u m dū-t-ū-u.(3)
ont donné la mort de leur main.

(1) Papyrus Abbott, pl. V, l. 6. (2) Id. pl IV, l. 17 – p. V, l. 1.
(3) Papyrus Judiciaire de Turin, pl. II; cfr. Chabas, Mél. Egypt. 3e série I, 25.

Dans tous ces cas, il est aisé de voir la raison qui nous fait traduire la locution hiéroglyphique par notre participe présent ou passé. L'Egyptien, fidèle au génie des langues sémitiques, au lieu de créer des modes spéciaux qui lui auraient permis de subordonner entre elles les diverses parties de la phrase et d'assembler dans une période savamment agencée les membres épars d'une même pensée ou les stages successifs d'une même action, se contente de faire succéder les propositions les unes aux autres, sans copule et sans transition, et s'en remet à l'intelligence de l'auditeur ou du lecteur du soin d'établir entre elles les relations qu'il a prétendu exprimer : Bū pū-tū gem-tū-w aū rex-ew, signifie littéralement, Il n'est pas trouvé, il connait.... azà-tì pā [teb]-ti.... aū-w āwennū : Est conduit l'ouvrier ciseleur,... il est lié... Aū-ū-u sem aū-ū-u smeti-u aū-ū-u dū-t mūt-tū... « Ils viennent, ils jugent, ils font mourir.... », c'est-à-dire : « Il ne fut pas trouvé connaissant.... » « Le nomarque et l'officier firent conduire l'ouvrier ciseleur... les yeux bandés.... » « Venant, jugeant, donnant la mort.... »

Il n'est pas aussi facile d'expliquer l'identité des autres racines. Les notions de genre et de nombre étaient-elles d'abord inhérentes à celle de substance, et avions-nous dans l'Egyptien primitif une série de verbes substantifs dont chaque terme marquait, à l'exclusion de tous les autres, l'idée d'un nombre ou d'un genre spécial, de sorte que pû ne pût rendre la notion d'être qu'appliquée à un sujet masculin, tû à un sujet féminin et [nû] ûn qu'à un sujet pluriel? ou bien, les idées de genre et de nombres sont-elles adventices à cellef de substance, et ne se sont-elles jointes à cette idée que plus tard? Ce sont là autant de questions dont la solution ne me paraît guères possible en ce moment. Le seul point qui me semble certain est l'identité radicale du pronom suffixe de la première personne du singulier et des articles avec les quatre verbes substantifs aû, pû, tû et ûn.

pû entrait dans la conjugaison sous deux formes et avec deux emplois différents. Sous la forme pû, il ne prend jamais ni le pronom suffixe ni la marque du passé : il est lui-même une sorte de suffixe qui s'attache au sujet et possède le sens de notre auxiliaire impersonnel *c'est, c'était* :

Zaû-t pû ban-u neb-t ârw

C'est un paquet de toutes méchancetés ; c'est un

pû n χebd-t-u neb-t.(3)
sac de tromperies.

Suten pû ûden [dû]-ûr-t(2)
C'est un roi à la main très lourde

Il se trouve de la sorte dans quelques combinaisons de racines verbales qui ont pour objet de suppléer à l'absence de modes et d'exprimer les relations diverses de subordination dans lesquelles la première partie d'une phrase se trouve placée par rapport à la ~~première~~ seconde:

nâ pû ar-t[û]-n-sen em χed sper-sen r ûâs-t,(3)

littéralement: « Ce fut aller ce qui fut fait par eux en descendant le fleuve, ils arrivèrent à Thèbes » c'est-à-dire, « Après qu'ils furent partis en descendant le fleuve, ils arrivèrent à Thèbes. »

eï pû ari-n-hon-ew em χed er ûâs-t hetes-ew heb Amen,(4)

littéralement, « Ce fut aller ce que fit S. M. en descendant vers Thèbes, elle accomplit la panégyrie d'Ammon, » c'est-à-dire: « Après que Sa M. se fut rendue à Thèbes en descendant le fleuve, elle célébra la panégyrie d'Ammon. » Le second terme , ari, de cette combinaison verbale peut être mis soit à l'ac-

(1) Papyrus Prisse, pl. X, l. 3-4.
(2) Denkm., III, pl. 65, a 2.
(3) Mariette, Gebel-Barkal, pl. II, l. 1-2.
(4) Id., pl. II, l. 29.

tif, [hiéroglyphes], ari n hon-ew, « Ce que fit S. M. »; soit au passif [hiéroglyphes], ari-tû n hon-ew, « ce qui est fait par S. M. » Dans les deux cas, le sens de la phrase est le même, et l'usage de [hiéroglyphes] pû ne varie pas.

Sous la forme [hiéroglyphes], pā, [hiéroglyphes], paï, il prend les pronoms suffixes et se place devant la racine verbale:

[hiéroglyphes]
Paï - ten xaā - ū-a ūā-kū-a m xemmū pā
Vous m'abandonnez [donc] tout seul au milieu des

[hiéroglyphes]
xerūū-u (1)
ennemis!

[hiéroglyphes]
Pā - ten sesni pā niwū-u aū-a ūā-kū-a (2)
Vous respirez [encore] les souffles [et] j'étais seul!

La racine, précédée de [hiéroglyphes] pà, [hiéroglyphes], paï, qui est l'article défini *le* et des pronoms suffixes des personnes, devient un véritable nom verbal analogue au مصدر, maṣdar, des grammaires arabes: [hiéroglyphes] Paï-ten xaā-ū-a signifie mot pour mot: « Votre abandonner moi »; [hiéroglyphes], Pā-ten sesni, « Votre respirer les souffles. »

De même que [hiéroglyphes] pû, [hiéroglyphes] tû a dans la conjugaison deux emplois différents. En premier lieu, il se joint comme suffixe aux racines attributives qu'il enlève à leur signification indéterminée pour montrer que le

(1) Papyrus Sallier III, pl. VIII, l. 5-6.
(2) ~~Id., pl.~~ Poème de Pentaur, texte de Karnak.

sujet dont elles dépendent est affecté de la qualité qu'elles expriment. [hiéroglyphes], mer, signifie aimer de la façon la plus générale ; [hiéroglyphes] mer-tû est la personne ou l'objet affecté de la qualité d'aimer. L'adjonction de [hiéroglyphes], tû, à la racine constitue donc une forme intermédiaire entre le substantif et l'adjectif ou le participe. Si l'esprit perçoit non-seulement la qualité énoncée par le langage, mais encore et surtout la personne ou l'objet doué de cette qualité, [hiéroglyphes] mer-tû (aimer-être) est un substantif et marque soit l'objet aimé soit la faculté d'aimer, l'amant ou l'amour ; s'il ne dépasse pas la notion de qualité, [hiéroglyphes], mer-tû, est un adjectif ou un participe, aimé. L'examen des textes montre avec quelle facilité les racines attributives modifiées par [hiéroglyphes], tû, se prêtaient à jouer tour-à-tour le rôle de substantif et celui d'adjectif ou de participe.

Comme suffixe du participe, [hiéroglyphes], tû, s'est dédoublé. Sous la forme [hiéroglyphes], [hiéroglyphes], tû, [hiéroglyphe], [hiéroglyphe], t, il marque plus spécialement le participe passif, [hiéroglyphes], mer-tû, aimé, [hiéroglyphes] meh-tû, rempli. Sous la forme [hiéroglyphes], [hiéroglyphe], ta, il marque plus spécialement le participe présent actif [hiéroglyphes], mer-ta, aimant, [hiéroglyphes], meh-ta, remplissant. Toutefois, cette règle n'est pas absolue et souffre dans la pratique de nombreuses exceptions. Souvent [hiéroglyphes], mer-tû, signifie aimant, et [hiéroglyphes] aimé; [hiéroglyphe], meh-tû, remplissant, et [hiéroglyphe] meh-ta, rempli.

Affixe, [hiéroglyphe], tû, se conjugue comme [hiéroglyphe] aû:

Tû-a hér-kû-a r [mix ?]
Je me précipite au combat.

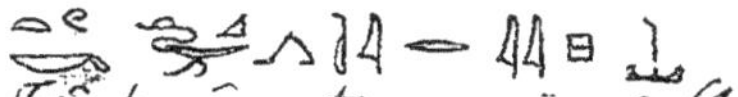

Tû-k âq-ta r iapû (1)
Tu entres à Joppé.

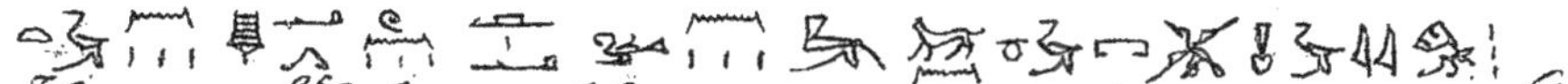

Tû-an hâ-û-an ûâ-an em xennû pa xerû-u (2)
Nous sommes seuls au milieu des ennemis.

an sâri-ten ban-ew r nuter pen nti tû-ten em
Ne portez pas son iniquité jusqu'à ce dieu que vous

xe-t-ew (3)
suivez.

La seule personne de cet auxiliaire que je n'ai pas encore retrouvée dans les textes est la troisième du singulier masculin et féminin; mais l'analogie du démotique nous prouve qu'elle existait. Le paradigme complet serait donc:

	Masculin	Commun	Féminin
		Singulier	
1re pers.	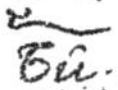 Tû-ew Il est	»	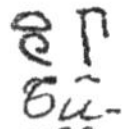 Tû-s Elle est
2e pers.	 Tû-ek Tu es	»	 Tû-t (4) Tu es (4)
3e pers.	»	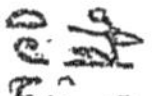 Tû-a Je suis	»

(1) Pap. Anastasi I, p. XXV, l. 2 (2) Texte de Lûqsor = Sallier III, pl. V, l. 5.
(3) Champollion, Notices Manuscrites, T. I, p. 819 (4) Pap. d'Orbiney, pl. XV, l. 19.

Pluriel

3e pers.	"	Tû-sen, tû-u-u Ils ou elles sont	"
2e pers.	"	Tû-ten Vous êtes	"
1e pers.	"	Tû-an Nous sommes.	"

ûn [nû] ne sert jamais de suffixe. C'est un verbe indépendant qui se combine avec les racines attributives à la façon de aû. On dit: ûn-a mer-a, ûn mer-a, ûn-a mer, pour J'aime ou J'aimerai.[1]

De ces quatre thèmes aû, pû, tû ûn, le dernier seul prend à ma connaissance la nasale n, exposant du passé:

Un-an-es hér hâ[2]
Elle se tint debout.

M. Birch admet pour aû, une forme de passé aû-n-a, J'étais, Je fus aû-n-ek, Tu étais, Tu fus, dont il ne cite pas d'exemple. L'analyse du temps passé copte en ⲛⲁ, ⲛⲉ, prouve, comme on le verra plus loin que cette forme a réellement existé, mais je ne l'ai jamais rencontrée dans les textes. tû et pû ne s'unissent pas à l'an, n, du temps passé.

---

(1) Voir pages 17-19 l'explication de ces trois formes.
(2) Papyrus d'Orbiney, pl. III, l. 7.

27 Les trois thèmes restants [hiér.], χoper, [hiér.], ar, et [hiér.], hā, jouent dans la conjugaison un rôle beaucoup moins considérable que les précédents. [hiér.] χoper, var. [hiér.] χop, signifie au propre, exister, devenir, et sert rarement d'auxiliaire. [hiér.], ar, marque uniquement la troisième personne:

Ar perū neb n ro-k sū ma
Est tout ce qui sort de ta bouche cela comme les

zod-u Har-axū-ti.(1)
paroles d'Armaxis,

«Tout ce qui sort de ta bouche, c'est comme les paroles «d'Armaxis.» Il peut prendre les pronoms sujets de la troisième personne et alors fait au pluriel [hiér.] ar-u:

ar-ew arī āxet zā serw nūk pū(2)
Il est un homme faisant les choses content, c'est moi,

c'est-à-dire: «S'il y a un homme qui fasse les choses avec joie, c'est moi.»

Ask ar-ew menwī-u nū hōn-ew er-wū-w
Or, il y eut que les soldats de S. M., en leur totalité,

em-xennū dma dū - ūāb-t
étant dans la ville: de La Montagne Sainte est

ran-ew nūter am-ew Dūdūn
son nom, Le Dieu qui est en elle, Dūdūn.

X'entī - an-nower-t nūter pū n Kūsh em-xet
X'ent-an-nower, c'est le dieu de Kūsh, après avoir

---

(1) Prisse d'Avennes, Monuments, pl. XXI, l. 14
(2) Tombeau de Tī, Edit. Brugsch, No 169.

men bak hĕr sex-t-ew ask ar-ew
établi l'épervier sur son naos, alors il se trouva qu'il

ûn zes- u (1)
y eût des généraux etc.

c'est-à-dire, « Or, après que l'armée entière de S. M. réunie dans la ville de « La Montagne sainte, » (le dieu qui s'y trouve, Dûdûn Xent-An-nower, est le dieu de Kush), eut établi l'Epervier divin sur son naos; alors il arriva etc. »

Sebâ-u ar-u m âs' mâ (2)
Les portes sont en cèdre véritable.

Placé entre deux membres de phrase, ar, ar-u ar-u, devient une sorte d'auxiliaire relatif qui les relie entre eux:

Dû-n-ew Se-t-ew Ur-t hâ ar- u
Il mit sa fille aînée en tête de ceux qui étaient

hĕr sûâs' hon-ew (3)
destinés à implorer S. M.

Enfin placé au commencement d'une phrase composée de deux propositions dont la seconde énonce la conséquence du fait ou de l'action impliquée dans la première, ar, prend un sens conditionnel et peut se traduire en français par si:

Ar âb-ek sexer em grah' ūa-tâ
Si tu fais un souhait pendant la nuit, au matin,

---

(1) Mariette, Gebel-Barkal, pl. X, l. 1-3. (2) Champollion, Not. Man. de Gournah, p. 6. (3) Stèle de la Bibliothèque Impériale, l. 22.

[hieroglyphs]
qui-w χoper ȧs [1]
il s'accomplit sur le champ.

A partir de l'époque Ptolémaïque, [hieroglyph] ar n'apparaît plus que sur les monuments qui affectent d'employer des tournures archaïques ou ne sont que la reproduction de textes anciens. Pour obéir à une loi qui s'applique à presque tous les mots terminés en [hieroglyph], r, il perdit son [hieroglyph] r finale et devint [hieroglyph] aû, e. Ainsi modifié, il se confondit avec l'auxiliaire [hieroglyph] aû, et lui prêta tous ses emplois.

[hieroglyph] hâ veut dire au propre se tenir debout, se tenir. Dans son emploi d'auxiliaire, il se place toujours au commencement des phrases. Il prend d'ailleurs l'augment temporel et suit les mêmes règles que [hieroglyph] aû, c'est-à-dire, que les indices du sujet peuvent se placer, soit directement après lui, soit, directement après la racine attributive, soit après lui et après la racine:

[hieroglyphs]
Hâ-a tisi-n-a mur šé-t-u [2]
J'établis un intendant des réservoirs.

c'est-à-dire: « Je me tiens, j'établis un intendant, etc. »

[hieroglyphs]
Hâ-n-a dihan-kû-a r χâ-m-mennower [3]
Je commandai le [navire] Xâ-m-Mennower.

m. à m: « Je me tins, je commandai le navire etc. »

[hieroglyphs]
Hâ rdû pâ sar n baχtan an-tû an-u-w [4]
Le prince de Baχtan fait apporter ses tributs

---

[1] Prisse, Monuments, pl. XXI, l. 13. [3] Champollion, Not. M., t. I, p. 696
[2] Lepsius, Denkmäler II, pl. 125. [4] Stèle de la B. Imp., l. 5.

Hā-n skā-n-a āh-t-u neb-t nte Sāh (1)
Je labourai toutes les terres du nôme de Sah.

Les divers auxiliaires se combinent assez souvent deux à deux, soit pour se conjuguer mutuellement, soit pour former des auxiliaires complexes qui s'unissent aux racines attributives à la manière des auxiliaires simples:

Ar [xem] Hor pû nūz-t tew-ew (2)
Celui qui est xem, c'est Horus, défenseur de son père.

Aû ūn nūb âs-u hēr xās-t akāïtā-u (3)
Il y a beaucoup d'or au pays d'Akaïta.

Ils se combinent aussi trois à trois:

Bû sotem-an bû māā ar-ti-an aû ūn xoper ma gadenū-sen (4)
Nous n'entendons pas, nos deux yeux ne voient point rien qui leur soit comparable.

En résumé, des sept racines qu'on trouve employées comme auxiliaires dans les textes hiéroglyphiques des anciennes époques, deux ar et pû sont des auxiliaires impersonnels qui entrent rarement dans la conjugaison des verbes; deux autres, xoper et hā sont d'un usage restreint; deux autres aû et tû, très fréquentes au présent ne reçoivent jamais directement à ma connaissance l'exposant du passé; une seule enfin ūn admet d'une manière incontestable la marque du passé. On peut donc réduire

(1) Lepsius, Denkm. II, 125.
(2) Todtb. ch. XVII, l. 21.
(3) Prisse d'Avennes, Monuments Egypt., pl. XXI, l. 9.
(4) Id., pl. XXI, l. 14.

à trois les auxiliaires qui servent réellement à la conjugaison : deux d'entre eux, aû et tû marquent surtout les formes du présent ; un seul ûn reçoit directement l'indice du passé. Dans la conjugaison complexe qui résulte de la combinaison de ces auxiliaires avec les racines attributives, les exposants du temps et de la personne peuvent se placer 1° après l'auxiliaire ; 2° après la racine ; 3° après l'auxiliaire et la racine.

Ces principes établis, voici, je crois, comment on peut dresser le tableau de la conjugaison par auxiliaires :

Présent

Auxiliaire , aû.

1° L'exposant de la personne après l'auxiliaire.

	Masculin	Commun	Féminin
		Singulier	
3e pers.	Aû-u mer Il aime	"	Aû-s. mer Elle aime.
2e pers.	Aû-k mer Tu aimes	"	Aû-t mer Tu aimes.
1re pers.	"	Aû-a mer J'aime.	"
		Pluriel	
3e pers.	"	ou Aû-û-u, aû-sen mer Ils ou elles aiment	"
2e pers.	"	Aû-ten mer Vous aimez	"

1re pers. " Aû-an mer " Nous aimons.

2° L'exposant de la personne après la racine.

Singulier

3e pers. Aû mer-ew Il aime " Aû mer-es Elle aime.

2e pers. Aû mer-ek Tu aimes " Aû mer-et Tu aimes

1re pers. " Aû mer-a J'aime "

Pluriel

3e pers. " Aû mer-û-u ou sen Ils ou elles aiment. "

2e pers. " Aû mer-ten Vous aimez "

1re pers. " Aû mer-an Nous aimons. "

3° L'exposant de la personne après l'auxiliaire et la racine.

Singulier.

3e pers. Aû-w mer-ew Il aime " Aû-s mer-s Elle aime

2e pers. Aû-k mer-ek Tu aimes " Aû-t mer-et Tu aimes.

1re pers. " Aû-a mer-a J'aime. "

Pluriel

3e pers. » [hiéroglyphes] ou [hiéroglyphes] ou [hiéroglyphes] »
Aû-u, aû-sen mer-û-u, sen
Ils ou elles aiment

2e pers. » [hiéroglyphes] »
Aû-ten mer-ten
Vous aimez

1e pers. » [hiéroglyphes] »
Aû-an mer-an
Nous aimons.

De la même façon se conjuguent les temps formés au moyen des auxiliaires [hiéroglyphe] tû, [hiéroglyphe] ûn, [hiéroglyphe] χoper et [hiéroglyphe] hâ.

Passé

1° L'exposant du temps et de la personne est placé après l'auxiliaire.

3e pers. [hiéroglyphes] » [hiéroglyphes]
Un-n-ew mer — Un-n-es mer
Il a aimé — Elle a aimé

2e pers. [hiéroglyphes] » [hiéroglyphes]
Un-n-ek mer — Un-n-et mer
Tu as aimé — Tu as aimé

1e pers. » [hiéroglyphes] »
Un-n-a mer
J'ai aimé

Pluriel

3e pers. » [hiéroglyphes] »
Un-n-sen mer
Ils ou elles ont aimé

2e pers. » [hiéroglyphes] »
Un-n-ten mer
Vous avez aimé

1e pers. » [hiéroglyphes] »
Un-n-an mer
Nous avons aimé

2° L'exposant du temps et de la personne est placé après la racine.

Singulier

3e pers. Un mer-n-ew — Il a aimé „ Un mer-en-es — Elle a aimé

2e pers. Un mer-n-ek — Tu as aimé „ Un mer-n-et — Tu as aimé

1e pers. „ Un mer-n-a — J'ai aimé „

Pluriel

3e pers. „ Un mer-n-sen — Ils ou elles ont aimé „

2e pers. „ Un mer-n-ten — Vous avez aimé „

1e pers. „ Un mer-n-an — Nous avons aimé

On trouve dans les textes des formes qui constatent pour l'auxiliaire au l'existence d'un temps au mer-n-a d'un temps passé construit sur le modèle de ûn mer-n-a.

3° L'exposant du temps et de la personne est placé après l'auxiliaire et la racine.

3e pers. Un-n-ew mer-n-ew — Il a aimé „ ûn-n-es mer-n-es — Elle a aimé

2e pers. Un-n-ek mer-n-ek — Tu as aimé „ Un-n-et mer-n-et — Tu as aimé.

1e pers. „ Un-n-a mer-n-a — J'ai aimé „

Pluriel

3e pers. " Un-n-sen mer-en-sen "
Ils ou elles ont aimé.

2e pers. " Un-n-ten mer-en-ten "
Vous avez aimé

1e pers. " Un-n-an mer-n-an
Nous avons aimé.

Les temps formés au moyen des auxiliaires xoper, et hā se conjuguent de la même manière. hā possède même en plus une quatrième forme dans laquelle l'indice du temps passé s'intercale entre la racine et l'auxiliaire, tandis que le pronom personnel s'attache à la racine seule:

Hā-n hāb-sen n hon-ew her-s an hotep ab-ew er-s.(1)
Ils envoyèrent un message à S. M. à ce sujet, mais son cœur ne s'apaisa point pour cela.

Voici, je crois l'explication de cette anomalie. , hā, fort usité comme auxiliaire aux anciennes époques de la langue, disparut peu-à-peu, ou plutôt, changea de nature, vers le commencement de la période Saïte. Il s'immobilisa, perdit sa force verbale et devint une sorte de conjonction écrite indifféremment hā-n, en souvenir de son origine ou hān. Cependant, même en cet état, il conserve assez le sentiment de sa valeur primitive, pour que le verbe qui le suit immédiatement puisse se dispenser de l'indice temporel , n, sans perdre la signification

(1) Mariette, Gebel-Barkal, pl. II.

du passé. La phrase hâ-n hâb-sen en hón-ew, aurait pu s'écrire dans le style ancien, soit

Hâ-n-sen hâb-n-hón-ew;

soit,

Hâ hâb-n-sen en hón-ew

soit enfin,

Hâ-n-sen hâb-n-sen en hón-ew.

Dans le style moderne hân ne prend plus les pronoms suffixes, mais retient encore la nasale n et, par suite, communique au verbe qu'il précède la valeur du passé. De là cette quatrième forme,

Hâ-n-hâb-sen en hón-ew

dans laquelle l'indice temporel reste indissolublement attaché à l'auxiliaire devenu simple conjonction, tandis que les pronoms suffixes se joignent à la racine verbale.

A côté des sept thèmes que nous venons d'étudier, on trouve dans les textes quelques autres verbes qui semblent jouer parfois le rôle d'auxiliaire; tels sont ari, faire, et dû, faire, donner. Ce qui distingue ces pseudo-auxiliaires des auxiliaires effectifs, c'est qu'ils ne remplacent jamais ni aû, ni tû, ni aucun des thèmes restants: ils ne sont usités que dans un petit nombre de cas bien déterminés.

ari entre dans trois combinaisons:

1° Combiné avec [hiéroglyphes], pu, il forme une tournure verbale dont j'ai donné plus haut l'analyse.

2° Précédé des négations [hiéroglyphes] em et [hiéroglyphes], tum, et placé devant les racines verbales, il marque l'impératif négatif[1]

[hiéroglyphes]
Em ar per er- bunro [2]
Ne sors pas dehors.

[hiéroglyphes]
Em ar ar-t hrû n ùsrwà-t-u [3]
Ne fais pas un jour d' oisiveté.

3° Précédé du relatif [hiéroglyphes] a et suivi des pronoms suffixes, il se place devant les verbes et semble leur communiquer une certaine valeur emphatique dont il est assez difficile de donner l'équivalent dans une traduction française :

[hiéroglyphes]
A ar-ew zod-ew
Ce qu'il fait, il dit :

c'est-à-dire : Il dit ;

[hiéroglyphes]
A arï-n-ew zod-n-ew
Ce qu'il a fait, il a dit :

pour : Il a dit.

Le verbe [hiéroglyphes], dû, et sa variante [hiéroglyphes], rtâ, précédés de la négation [hiéroglyphes] em et de la négation [hiéroglyphes] tum servent comme [hiéroglyphes] ar à former un impératif négatif :

[hiéroglyphes]
A-n-a hér zod-n-ew au-w hér sendû-u aù-w hér gengen
Ainsi lui parlai-je. Il s'effraya, il [me] battit

[hiéroglyphes]
er tûm dû-t arï-a-n-ek apû-u [4]
pour que je ne te fisse point de plaintes.

---

[1] V. Goodwin dans Chabas, Mél. Égypt., T. I, p. 88-94
[2] Papyrus d'Orbiney, pl. X l. 1
[3] Pap. Anastasi V, pl. 8, l. 5.
[4] Papyrus d'Orbiney pl. V, l. 3.

Aû m-dûï âqû hrû ûâ [sep sen] em pai-sen
Que n'entre pas un seul jour [bis] dans leurs

[step]-u em pai-sen sgânen (1)
rations de grains dans leurs jarres de liquide.

En français : « Qu'il n'y ait pas un jour d'intervalle, de retard, dans [la distribution] de leurs rations de grains et de liquides. »

b. En Démotique.

En Démotique, ar et hâ ont complètement disparu, ûn et xoper n'entrent plus comme auxiliaires dans la conjugaison.

Nous avons déjà montré qu'à l'époque ptolémaïque, ar, perdant la semi-voyelle finale se confondit avec aû, et que hâ, devint sous la forme hân, une simple conjonction dont le sens est, voici, voila. hân, se retrouve dans les textes démotiques:

a tû tata Hân (2)
on vint me chercher Voici qu'

ûn, n'a plus d'autre emploi que celui de verbe substantif; enfin xoper, xep, xâleb, xârep, signifie seulement, se transformer, devenir, et n'entre plus dans la conjugaison.

En revanche, la série aû, pû, tû,

(1) Pleyte, Papyrus de Turin, pl. IV, l. 8-9.
(2) Roman Démotique, pl. I, l. 2.

99 s'est conservée à peu-près intacte. [demotic], [hieroglyph], aû, s'emploie encore comme verbe isolé avec le sens d'être:

[demotic]

[hieroglyphs]

sûten n sâar pâi-w Aû (1)

de fin lin mèche sa Est

Plus souvent, il joue le rôle d'auxiliaire et devient la caractéristique d'un temps passé qui remplace le passé en [hieroglyph], an, [hieroglyph], n, de l'ancien égyptien:

[demotic]

[hieroglyphs]

arpi-u nâ n as't-u per-u hâz ar Aû-w (2)

temples aux nombreux et des grains de l'argent donné Il a

sans perdre toutefois à tout jamais le sens du présent:

[demotic]

[hieroglyphs]

nuter-u nâ n mâû a aû hér Zod Aû-w (3)

dieux les Je vois : à savoir dit Il

Toutes les personnes de ce temps se forment régulièrement par l'adjonction à l'auxiliaire, [demotic], [hieroglyph], aû, des pronoms suffixes[4]: seule, la deuxième personne du singulier masculin fait exception à la règle. Elle se forme 1° par l'intercalation, entre l'auxiliaire, [demotic], [hieroglyph], aû, et les pronoms suffixes, du pseudo-auxiliaire [demotic], [hieroglyph], ar, ari:

[demotic]

[hieroglyphs]

âx teb nte en-âm-a sâbi ar-ek aû Ptah-nower-kâ n-ew Zod (5)

«? pourquoi de moi Tu te moques »: Ptah-nower-kâ lui dit

2° Par la suppression de l'auxiliaire [demotic], [hieroglyph], aû, devant le

---

(1) Pap. Gnost. de Leyde, XX, l. 21.

(2) Inscription de Philae, l. 5.

(3) Pap. gnost. de Leyde, XX, l. 17-18

(4) Brugsch, Gr. Démot., p. 136-138.

(5) Roman, p. I, l. 35.

pseudo-auxiliaire aï :

Râ pâ âbï ew as' ar-ek χen pâ âs' ti (1

Soleil du en face tu la prononces si laquelle invocation Autre

Suivi des pronoms suffixes des personnes, et du verbe, l'auxiliaire " aï a conservé la faculté de créer des participes présents ou passés,(2

mût-ût aï-w rem-ût Uâ (3

mort homme Un

Ajoutons, pour terminer, qu'il n'apporte plus dans ses combinaisons avec les racines attributives et les pronoms personnels indices du sujet la même liberté d'allures que le verbe aï des textes hiéroglyphiques. On le trouve encore mais rarement placé devant le verbe qui lui-même est suivi du pronom sujet:

t-u sâ- sûr-a aï nuter-u χomt pâ u sûr- Aï (4

eux après Je bois dieux trois les Boivent

Je n'ai pas encore trouvé de phrase où le pronom soit joint en même temps à l'auxiliaire et à la racine attributive.

, , pû, ne se modifie plus en pâï suivi des suffixes pronominaux. Le temps qui résulte

---

(1 Pap. gnost. de Leyde, p X, l. 24.
(2 Brugsch, Gr. Dém. p. 156-157.
(3 Pap. gnost. de Leyde, p. VIII, l. 3.
(4 Pap. gnost. de Leyde, II, suiv.

de son intercalation entre la racine attributive et le pseudo-auxiliaire [hiéroglyphe] ari, n'a pas jusqu'à présent trouvé son équivalent dans les textes démotiques. Par contre, [démotique], pû, a conservé le sens de notre auxiliaire impersonnel c'est, c'était:

[démotique]

[hiéroglyphes]

ûâbex aû-w pû arï ûâ aâh' n Lax,
brillante c'est une pierre la lune de l'écume[1]

Suffixe, [hiéroglyphe], tû, [hiéroglyphe], ût, démot. [démotique], tû, ût, [démotique], ût, a le même emploi que dans l'ancien égyptien et placé après les racines les change soit en noms [démotique], [hiéroglyphes] dû-t-tû la main, [démotique], [hiéroglyphes] ar-t-tû, l'œil, [démotique], [hiéroglyphes], gen-tû, la force, soit en adjectifs ou participes [démotique], [hiéroglyphes], mût-tû, mort, [démotique] [hiéroglyphes], ran-tû, nommé.[2]

Affixe, [démotique], tû, ne s'emploie plus comme verbe substantif isolé. Uni aux pronoms suffixes des personnes, il forme un temps que M. Brugsch assimile au temps en ⲧⲁ, ⲧⲁⲣⲉ du copte et qu'il traduit par le futur.[3] Ni l'assimilation ni la traduction qu'il propose ne me paraissent exactes. Le temps démotique en [démotique] tû, provient de la forme antique en [hiéroglyphe], tû, et prend quelquefois le sens du passé ou du futur, plus souvent le sens du présent:

---

(1) Papyrus gnostique de Leyde, Verso, pl. III, l. 2.
(2) Brugsch, Grammaire Démotique, p. 153-154.
(3) Brugsch, Grammaire Démotique, p. 140-141.

māā n neb paï ar-ek aû tūtū-tū a Bū-
voir pour seigneur mon qui es de toi m'approche Je

(1) ek ran rex tū-a nowre-u tā-k n
ton nom. connais Je beautés tes

āāï-u nuter-u nā n-ten āś Bu-a (2)
grands dieux vous invoque Je

tū-w xen ro pā n xerā-t ar nte art-tū-t Bā
jusqu'à ce qu'elle bouche la de la nourriture fait qui lait le

(3) ābāhū mes
les dents. pousse

Toutes ces formes que M. Brugsch traduit péniblement par le futur se prêtent parfaitement, comme on voit, au sens du présent, de même que leurs prototypes hiéroglyphiques. Il faut donc, ce me semble renoncer à chercher dans le temps en tū, l'origine du futur en ⲧⲁ, ⲧⲁⲣⲉ et lui donner plutôt comme équivalent les formes en ⲧ du présent copte.

On peut donc dresser comme il suit le tableau de la conjugaison par auxiliaires:

---

(1) Rituel de Pamonth, pl. III, l. 25.
(2) Papyrus gnostique de Leyde, p. XXIV, l. 5, Verso.
(3) Id. p. VI.

Présent

	Masculin	Commun	Féminin
		Singulier	
3e pers.	meï Tû-w Il aime	"	meï Tû-s Elle aime
2e pers.	meï Tû-k Tu aimes	"	meï Tû-t Tu aimes
1re pers.	"	meï Tû-i J'aime.	"
		Pluriel	
1re pers.	"	meï Tû-an Nous aimons	"
2e pers.	"	meï Tû-ten Vous aimez	"
3e pers.	"	meï Tû-û-u Ils ou elles aiment.	"

Passé

	Masculin	Commun	Féminin
3e pers.	meï Aû-w Il aime	"	meï Aû-s Elle aime
2e pers.	meï ar-ek, Aû-ar-ek Tu aimes.	"	"
1re pers.	"	meï Aû-i J'aime.	"
		Pluriel	
1re pers.	"	meï Aû-an Nous aimons	"

2e pers. " meï Aû-ten "
Vous aimez

3e pers. " meï Aû-û-u "
Ils ou elles aiment

c _ En Copte.

Les trois auxiliaires aû, pû, et tû, se retrouvent dans le copte.

Lorsque le verbe substantif ⲁ, ⲉ est pris comme auxiliaire, le sujet quel qu'il soit, pronom personnel, nom ou membre de phrase se place toujours entre l'auxiliaire et le verbe

Ⲧⲟⲧⲉ ⲓ̅ⲏ̅ⲥ̅ ⲁ ⲡⲉⲡ̅ⲛ̅ⲁ̅ ⲟⲗϥ ⲉ̅ⲡϣⲁϥⲉ ⲉ̅ⲡϫⲓⲛ
Alors Jésus l'esprit l'enleva dans le désert pour que
ⲡⲇⲓⲁⲃⲟⲗⲟⲥ ⲉⲣⲡⲓⲣⲁⲍⲓⲛ ⲙⲙⲟϥ (1)
le diable l'enlevât.

Ⲁⲣⲉ ⲡⲉⲧⲉⲛϭⲁⲗⲁⲩϫ ϩⲱⲙⲙⲟⲩ
Vos pieds ont foulé.

Si le sujet du verbe est un pronom personnel absolu ou bien un nom, il peut être exprimé deux fois dans la même période : 1° avant l'auxiliaire par le mot qui le représente ; 2° entre l'auxiliaire et le verbe par les pronoms suffixes des personnes.

Ⲡⲟⲧⲉ ⲓ̅ⲥ̅ ⲁϥⲥⲱⲕ ⲉⲣⲟϥ ⲙ̅ ⲡⲉⲟⲟⲩ ⲙ̅ ⲡⲉϥⲟⲩⲟⲉⲓⲛ (2)
Alors Jésus se dépouilla de l'éclat de sa lumière.

(1) Marc, IV, 1
(2) Pistis Sophia, p. 8, l. 16-17.

45 Ⲟⲩⲟϩ ϩⲁⲛⲙⲏϣ ⲁⲩⲛⲁϩϯ ⲉⲣⲟϥ ⲙ̅ⲙⲁⲩ (1)
Et des multitudes crurent en lui là même

ou bien, 1° entre l'auxiliaire et le verbe par les pronoms suffixes des personnes; 2° après le verbe par le mot qui représente le sujet précédé de la conjonction ⲛ̅ϫⲉ, en Egyptien er-zod, c'est-à-dire, à savoir,

Ⲁⲩⲥⲱⲧⲉⲙ ⲇⲉ ⲛ̅ϫⲉ ⲛⲓⲁⲡⲟⲥⲧⲟⲗⲟⲥ ⲛⲉⲙ ⲛⲓⲥⲛⲏⲟⲩ
Ils entendirent, à savoir, les apôtres et les frères

ⲉⲩϧⲉⲛ ϯⲓⲟⲩⲇⲉⲁ ϫⲉ ⲁ ⲛⲓⲕⲉⲉⲑⲛⲟⲥ ϣⲉⲡ
qui étaient dans la Judée, à savoir que les gentils recevaient

ⲡⲓⲥⲁϫⲓ ⲛ̅ⲧⲉ ⲫϯ ⲉⲣⲱⲟⲩ (2)
la parole de Dieu pour eux.

Ⲧⲟⲧⲉ ⲁϥⲉⲣⲟⲩⲱ ⲛ̅ϫⲉ ⲡⲉⲧⲣⲟⲥ (3)
Alors il répondit à savoir Pierre.

c'est-à-dire : « Les apôtres entendirent..... » « Pierre répondit. » D'autresfois c'est non-seulement le sujet, mais encore l'auxiliaire qui est doublé :

Ⲁ ⲧⲁϣⲉⲣⲓ ⲁⲥϧⲱⲛⲧ (4)
Eut ma fille elle approcha.

Ⲁ ⲛⲉⲛⲃⲁⲗ ⲁⲩⲉⲗ ⲕⲉⲙ (5)
Eurent nos yeux ils devinrent noirs.

Ⲁ ⲡⲥⲁⲧⲁⲛⲁⲥ ⲁϥϣⲉⲛⲁϥ ⲉϧⲟⲩⲛ ⲉⲡϩⲏⲧ ⲛ̅ⲓⲟⲩⲇⲁⲥ
Eut Satan il s'en alla dans le cœur de Juda

ⲫⲏⲉⲧⲟⲩⲙⲟⲩϯ ⲉⲣⲟϥ ϫⲉ ⲡⲓⲓⲥⲕⲁⲣⲓⲱⲧⲏⲥ (6)
qu'on appelait à savoir l'Iscariote.

---

(1) Jean, X, 42
(2) Actes, XI, 1.
(3) Actes, X, 47
(4) Marc, V, 23
(5) Lamentations de Jérémie V, 17.
(6) Luc, XXII, 3.

c'est-à-dire « Satan entra....... Ma fille approcha..... « nos yeux sont devenus noirs.» Ici, le sujet exprimé une première fois se loge entre le premier auxiliaire isolé et le second auxiliaire suivi des pronoms suffixes et du verbe[1]. Dans le dialecte Baschmourique, il arrive parfois que les deux auxiliaires sont placés à côté l'un de l'autre et que le sujet s'intercale entre les auxiliaires et le verbe:[2]

ⲁⲁ ⲡϭ̅ⲥ̅ ⲧⲁϩⲙⲉⲛ[3]
Le Seigneur nous a invités.

ⲁⲁ ⲡⲙⲟⲩ ϣⲱⲡⲓ[4]
[hiéroglyphes] [hiéroglyphe]
La mort fut.

Dans l'usage ordinaire, la forme redoublée ⲁ—ⲁϥ usitée seulement à la troisième personne alterne avec un temps où le premier auxiliaire [hiéroglyphe], ⲁ, est remplacé par ⲉⲧ, M., B., ⲛ̄ⲧ, T. B,[5]

ⲀⲚⲞⲔ ⲆⲈ ⲉ̄ⲧⲁⲓ̈ⲓ̈ ϩⲓⲛⲁ ⲛ̄ⲧⲉⲟⲩⲱⲛϧ ϣⲱⲡⲓ ⲛⲱⲟⲩ ⲟⲩⲟϩ
Or moi je suis venu pour que la vie soit à eux et

ⲛ̄ⲧⲉⲟⲩϩⲟⲩⲟ̇ ϣⲱⲡⲓ ⲛⲱⲟⲩ[6]
pour que l'abondance soit à eux.

Ⲉⲣⲉ ⲓ̅ⲥ̅ ϫⲱ ⲙⲙⲟⲥ ⲛ̄ ⲛⲉϥⲙⲁⲑⲏⲧⲏⲥ ϫⲉ ⲛ̄ⲧⲁⲓ̈ⲉⲓ ⲉⲃⲟⲗ
Jésus dit cela à ses disciples à savoir: Je suis sorti

ϩⲙ̄ ⲡϣⲟⲣⲡ ⲙ̄ ⲙⲩⲥⲧⲏⲣⲓⲟⲛ ⲉⲧⲙ̄ⲙⲁⲩ ⲉⲧⲉ ⲛ̄ⲧⲟϥ ⲡⲉ ⲡϩⲁⲉ
de ce premier des mystères qui est lui aussi le dernier

ⲙ̄ⲙⲩⲥⲧⲏⲣⲓⲟⲛ[7]
des mystères.

Les grammairiens coptes expliquent cette locution qui a

---

(1) Peyron, Gr. Copte, p. 97; Schwartze, Gr. C., p. 427-428.
(2) Schwartze, Gr. C., p. 427-428.
(3) I Cor., 7, 15.
(4) Zoëga, 156
(5) Peyron, Gr. C., p. 99-100; Schwartze, Gr. C., p. 428-430.
(6) Jean, X, 10
(7) Pistis Sophia, p. I, l., 11-13.

47 toujours le sens du passé par le relatif ϵⲧ B. M. ⲛ̄ⲧⲉ T. B. et Schwartze voit dans l'échange de l'auxiliaire ⲁ et du relatif ⲛ̄ⲧ la preuve de ce fait que le caractère temporel ⲁ non-seulement possède la valeur d'un verbe auxiliaire, mais encore est une ancienne racine pronominale disparue de la langue. La substitution de ϵⲧ M. B ⲛ̄ⲧ T. B à l'ⲁ du passé ordinaire ne serait dans cette hypothèse que la substitution par analogie d'un relatif à un autre relatif.(1) L'ancien égyptien nous donne pour ϵⲧ M. B. ⲛ̄ⲧ T. B. une origine plus acceptable. Rien n'est plus fréquent dans les textes hiératiques que la locution er-enti, il est que, il y a que... au début d'une phrase:(2)

Zod n Hā pā aā āā n pā ament nu-t er-enti
A dit le chef Pā-aā-āā du quartier Ouest de la ville: Il y a que

gim sūten mādiū nesi-amen.(3)
a trouvé le royal officier Nesi-amen

Je vois dans ϵⲧ M. B. ⲛ̄ⲧ T. B. un dérivé de l'antique er-enti et je transcris en hiéroglyphes les phrases citées plus haut:

ⲀⲚⲞⲔ [ⲆⲈ] ϵⲧ - ⲁⲓ - ⲓ [ϩⲓⲛⲁ] ⲛ̄ⲧⲉ - ⲟⲩ - ⲱⲛϩ

Moi il est que je suis venu pour que une vie

ϣⲱⲡⲓ ⲛⲱⲟⲩ

soit à eux.

---

(1) Schwartze, Gr. C., p. 428-429
(2) Goodwin (trad. par Chabas) Sur les Papyrus hiératiques, 2e partie, p. 8.
(3) Pap. Abbott, p. V, l. 21.

« Jésus dit à ses disciples,

ϫⲉ ⲛ̄ⲧ - ⲁⲓ̈ - ⲉⲓ ⲉ̀ - ⲃⲟⲗ ϩⲙ̄

à savoir : Il est que je suis venu au-dehors de

ce premier des mystères, qui est aussi le dernier des mystères. »
D'après la règle d'affaiblissement, la semi-voyelle ⲣ de ar, [e]r, il est, a disparu, l'ⲉ qui restait seul chargé de représenter le verbe ar s'est fondu, suivant l'usage (1) dans l'ⲉ initial de enti, et la forme qui résulte de cette contraction, ⲉ + ⲉⲧ = ⲉⲧ M. B., ⲉ + ⲉⲛⲧ = ⲛ̄ⲧ T. B. s'est trouvée identique de son et d'orthographe au relatif ⲉⲧ M. B. ⲛ̄ⲧ, T. B ; d'où, l'erreur des grammairiens.

1° Forme faible en ⲁ

Singulier.

	Masculin	Commun	Féminin
3e pers.	ⲁϥⲙⲉⲓ ⲁ.....ⲁϥⲙⲉⲓ ⲁⲁ...ⲁϥⲙⲏⲓ B. Il aime	ⲁⲣⲉ.... ⲙⲉⲓ ⲁ...... ⲙⲉⲓ ⲁⲁ..... ⲙⲏⲓ B. Il ou elle aime	ⲁⲥⲙⲉⲓ ⲁ....ⲁⲥⲙⲉⲓ ⲁⲁ...ⲁⲥⲙⲏⲓ B. Elle aime
2e pers.	ⲁⲕⲙⲉⲓ Tu aimes	"	ⲁⲣⲉⲙⲉⲓ T. ⲁⲣⲙⲉⲓ ⲁⲗⲉⲙⲏⲓ, B. Tu aimes
1re pers.		ⲁⲓ̈ⲙⲉⲓ J'aime	

Pluriel

3e pers.	"	ⲁⲩⲙⲉⲓ ⲁ... ⲙⲉⲓ ⲁⲣⲉ T. M. B.... ⲁⲗⲉ B... ⲙⲉⲓ ⲁ.... ⲁⲩⲙⲉⲓ T. M. B. ⲁⲁⲩ.... ⲙⲏⲓ B. Ils ou elles aiment	"

(1) Schwartze, Gr. C., p. 215-216.

Pluriel

2e pers.	"	ⲁⲧⲉⲧⲉⲛⲙⲉⲓ M. B. ⲁⲧⲉⲧⲛ̄ⲙⲉⲓ T. B. ⲁⲣⲉⲧⲉⲛⲙⲉⲓ M. Vous avez aimé	"
1re pers.	"	ⲁⲛⲙⲉⲓ Nous avons aimé	"

2° Forme très-faible en ⲉ

Singulier

3e pers.	ⲉϥⲙⲉⲓ Il a aimé	ⲉⲣⲉⲙⲉⲓ, [ⲉⲗⲉⲩⲙⲏⲓ B.] Il ou elle a aimé	ⲉⲥⲙⲉⲓ Elle a aimé
2e pers.	ⲉⲕⲙⲉⲓ Tu as aimé	"	ⲉⲣⲉⲙⲉⲓ [ⲉⲣ- T. ⲉⲗⲉ B.] Tu as aimé
1re pers.	"	ⲉⲓⲙⲉⲓ J'ai aimé	"

Pluriel

3e pers.	"	ⲉⲩⲙⲉⲓ ⲉⲣⲉ....ⲙⲉⲓ, T. M. ⲉⲗⲉ...ⲙⲏⲓ B. Ils ou elles ont aimé	"
2e pers.	"	ⲉⲧⲉⲧⲉⲛⲙⲉⲓ, ⲉⲧⲉⲧⲛ̄ⲙⲉⲓ, T. B. ⲉⲣⲉⲧⲉⲛⲙⲉⲓ M. Vous avez aimé	"
1re pers.	"	ⲉⲛⲙⲉⲓ Nous avons aimé	"

Le temps en ⲉⲧⲁⲓ, M. B. ⲛ̄ⲧⲁⲓ, T. B.: ⲉⲧⲁⲓⲙⲉⲓ M. B. ⲛ̄ⲧⲁⲓⲙⲉⲓ T. B. se conjugue comme le temps en ⲁⲓ.[1]

Peyron dans sa grammaire a tenté d'attribuer à chacune de ces formes un sens différent: suivant lui, ⲉⲓⲙⲉⲓ est un présent, ⲁⲓⲙⲉⲓ et ⲛ̄ⲧⲁⲓⲙⲉⲓ sont des parfaits.[2] Schwartze a bien vu que les deux formes en ⲉⲓ et en ⲁⲓ n'étaient que des variantes orthographiques d'un seul et

(1) Schwartze, Gr. Copt., p. 434
(2) Peyron, Gr. Copt., p. 94-95, 96-97.

même temps qui possède à la fois la valeur du présent et celle du passé.[1] Quant à la forme en ⲉⲧ M. B. ⲛ̄ⲧ E. B. elle exprime toujours le passé.[2]

Placé devant les temps en ⲁ et en ⲉ, l'auxiliaire ⲉ forme le participe présent et passé.[3]

ⲉ̀ⲉⲓⲁϭⲱⲱⲧ
Moi regardant,[4]

ⲉ̀ⲉⲓϣⲓⲛⲉ
Moi cherchant[5]

ⲉ̄ⲁϥϫⲟⲥ ϫⲉ ϩⲱϯ ⲡⲉ ⲛ̄ⲧⲉⲡϣⲏⲣⲓ ⲙ̀ⲫⲣⲱⲙⲓ ϭⲓ ⲟⲩⲙⲏϣ
Disant ceci à savoir qu'il faut que le fils de l'homme porte beaucoup.

ⲛ̄ϣⲓⲥⲓ
D'humiliations.[6]

ϩⲓⲛⲁ ⲉ̀ⲁⲛⲙⲟⲩ ⲉ̀ⲃⲟⲗϩⲁ ⲛⲓⲛⲟⲃⲓ ⲛ̄ⲧⲉⲛⲱⲛϧ ⲇⲉ ⲛ̄ϯⲙⲉⲑⲙⲏⲓ
Afin que nous morts de nos péchés nous vivions par la justice.[7]

Toutefois l'ⲉ auxiliaire se fond, rarement avec l'ⲁ,[8] constamment avec l'ⲉ initial du temps.[9]

ⲛ̄ⲑⲟϥ ⲇⲉ ⲁϥⲥⲱϫⲡ ⲛ̄ϯⲥⲟⲛⲇⲱⲛⲥⲟⲛ ⲁϥⲫⲱⲧ ⲉϥⲃⲏϣ
Et lui rejeta son vêtement et s'enfuit tout nu[10]

Ⲙⲁⲣⲟⲩϣⲱⲡⲓ ⲉⲩϭⲏⲕ ⲛ̄ϫⲉ ⲛⲉⲧⲉⲛϯⲡⲓ ⲟⲩⲟϩ ⲛⲉⲧⲉⲛϧⲏⲃⲥ
Que soient ceints à savoir vos reins et vos lanternes

ⲉⲩⲙⲟϩ[11]
allumées.

9° Forme apocopée.

	Masculin	Singulier Commun	Féminin
3e pers.	ϥⲙⲉⲓ Il aime	"	ⲥⲙⲉⲓ Elle aime
2e pers.	ⲕⲙⲉⲓ Tu aimes	"	"
1ère pers.	"	"	"

[1] Schwartze, Gr. Copt. p. 430-432. [2] Schwartze, Gr. C. p. 434; Peyron, Gr. C., p. 99.
[3] Peyron, Gr. C., p. 94-95, 97. [4] Sir., LI, 7. [5] Sir., LI, 21. [6] Luc, IX, 22.
[7] I, Pierre, II, 24. [8] Schwartze, Gr. C., p. 426. [9] Id., p. 425-426.
[10] Marc, XIV, 52. [11] Luc, XII, 35.

Pluriel

3e pers.	"	ⲥⲉⲙⲉⲓ Ils ou elles aiment	"
2e pers.	"	"	"
1e pers.	"	"	"

Cette forme apocopée s'emploie toujours à rendre la notion du temps ou de l'action présente:(1)

ϩⲱⲥⲧⲉ ⲫⲏ-ⲉⲧ-ϯ ⲛ̄ⲧⲉϥⲡⲁⲣⲑⲉⲛⲟⲥ ⲉⲩⲅⲁⲙⲟⲥ
Aussi celui qui donne sa fille vierge en mariage

ⲕⲁⲗⲱⲥ ϥⲣⲁⲙⲟⲥ
agit bien (2)

ⲠⲖⲏⲛ ϫⲉ ⲡⲓⲡ̄ⲛ̄ⲁ̄ ⲉⲑⲟⲩⲁⲃ ϥⲉⲣⲙⲉⲑⲣⲉ ⲛⲏⲓ
Aussi bien l'esprit saint rend témoignage pour moi

ⲕⲁⲧⲁ ⲡⲟⲗⲓⲥ (3)
dans les villes

Pour exprimer les nuances qui répondent à notre imparfait et à notre plus-que-parfait, le copte met devant les formes en ⲁ et en ⲉ conjuguées régulièrement la syllabe ⲛⲁ, ⲛⲉ, ⲉⲛⲁ, M. ⲉⲛⲉ, ⲛ̄ⲛⲁ, B. ⲛ̄ⲛⲉ 6.(4)

Ⲛⲁⲓϫⲏ ϩⲁⲣⲱⲧⲉⲛ ⲙ̄ⲙⲏⲛⲓ ⲉⲓϯⲥⲃⲱ ϧⲉⲛ
J'étais avec vous chaque jour enseignant dans

ⲡⲓⲉⲣⲫⲉⲓ (5)
le temple

Champollion le Jeune y reconnut dès le premier instant un dérivé de la particule 𓇋𓈖, an, 𓈖, n, qui, dans l'ancien égyptien servait à rendre la notion du passé,(6) et la plupart des Egyptologues ont accepté son hypo-

(1) Peyron, Gr. C., p. 93; Schwartze, Gr. C., p. 432-433.
(2) I Cor., VII, 38.
(3) Act., XX, 23.
(4) Peyron, Gr. C., p. 95-96; Schwartze, Gr. C., p. 420, 439-442.
(5) Marc, XIV, 49.
(6) Champollion, Grammaire, p. 72.

thèse, sans pouvoir expliquer pourquoi la nasale n jadis intercalée entre la racine attributive et les pronoms indices du sujet avait été transportée devant l'auxiliaire, le pronom et la racine.

Aux yeux de Schwartze, ⲛⲉ, ⲛⲁ, est la forme primitive dont ⲉⲛⲉ M. ⲉⲛⲉ T., ⲛ̄ⲛⲁ B. ⲛ̄ⲛⲉ T. ne sont que des variantes obtenues l'une par métathèse de la voyelle ⲛⲉ = ⲉⲛ, l'autre par un doublement de consonnes familier aux dialectes Baschmourique et Thébain.(1) A mes yeux au contraire, la forme primitive est ⲉⲛⲉ : ⲛⲉ, ⲛⲁ, ⲛ̄ⲛⲉ, ⲛ̄ⲛⲁ ne sont que des formes secondaires obtenues, l'une par apocope de l'ⲉ initial, l'autre par apocope de l'ⲉ initial et par redoublement de ⲛ̄ temporel. Ne ⲁⲓⲙⲉⲓ, ⲛⲉⲁⲓⲥⲱⲃⲓ et leurs variantes ⲛⲁⲓⲙⲉⲓ, ⲛⲁⲓⲥⲱⲃⲓ, sont pour ⲉⲛⲉⲁⲓⲙⲉⲓ, ⲉⲛⲉⲁⲓⲥⲱⲃⲓ, j'aimais, je me moquais. Si en effet je transcris les éléments du temps copte en hiéroglyphes, d'après les règles de transcription que j'ai suivies jusqu'à présent, ⲉⲛⲉⲁⲓⲙⲉⲓ, ⲉⲛⲁⲓⲥⲱⲃⲓ deviennent :

ⲉ - ⲛⲉ - ⲁ - ⲓ - ⲙⲉⲓ

ⲉ - ⲛ - ⲁ - ⲓ ⲥⲱⲃⲓ

L'ⲉ initial de ⲉⲛⲉ est l'auxiliaire, ⲁⲓ, d'autrefois qui sert d'appui à la caractéristique du temps

(1) Schwartze, Gr. Copt., p. 300-301, 440-441.

antique en 𓈖 n. L'imparfait et plusqueparfait copte se composait donc du présent-parfait, devant lequel on mettait l'auxiliaire ε, affecté de l'indice du passé ⲛ ; c'était donc, à proprement parler, un parfait de parfait, déduit très légitiment des règles antiques.(1) J'ai montré en effet, à propos de l'auxiliaire 𓎛𓂝 hā, comment dans le passé du temps formé de cet auxiliaire, l'indice du passé peut s'intercaler entre 𓎛𓂝 hā et la racine, tandis que les pronoms suffixes des personnes s'attachent à la racine seule:

𓎛𓂝𓈖 𓉔𓃀𓂻 𓋴𓈖𓏥 𓈖 𓎛𓈖𓆑
Hā-n hāb-sen n hon-ew
Ils envoyèrent un message à S. M.

Dans 𓇋𓅱𓈖𓇋𓅱𓀀 𓌻𓂋𓀀 Aū-n-aū-a meri, ⲉⲛⲁⲙⲉⲣⲉ, j'aimais, nous avons une combinaison toute semblable. L'indice du passé 𓈖 n s'intercale entre l'auxiliaire 𓇋𓅱 aū et la racine 𓌻𓂋 mer conjuguée selon les lois du copte, et, de l'union de ces divers éléments résulte un passé de passé que nous traduisons par l'imparfait et le plus-que-parfait.

Devant la nasale du passé, l'auxiliaire ε a disparu comme il avait fait au présent-parfait devant les pronoms personnels. De même qu'on a ⲕⲙⲉⲉ, ⲫⲙⲉⲉ au lieu de ⲉⲕⲙⲉⲉ, ⲉϥⲙⲉⲉ, on a au lieu de ⲉⲛⲁⲙⲉⲉ, ⲉⲛⲉϥⲥⲱⲧⲉⲙ, les formes ⲛⲁⲙⲉⲉ, ⲛⲉϥⲥⲱⲧⲉⲙ. Quant à la réduplication de ⲛ dans la forme apocopée ⲛ̄ⲛⲁ, ⲛ̄ⲛⲉ, c'est comme je l'ai dé-

(1) Voir plus haut, à l'article de l'auxiliaire 𓎛𓂝 hā.

jà dit un simple accident graphique dont Schwartze a fort bien expliqué les causes:[1]

Imparfait et Plusque parfait

1° Forme pleine en ⲉⲛⲉ T. ⲉⲛⲁ M.

	Masculin	Commun	Féminin
3e pers.	ⲉⲛⲉ ⲁϥⲙⲉⲥ ⲉⲛⲉ ⲁ..... ⲁϥⲙⲉⲥ ⲉⲛⲉ ⲁⲁϥⲙⲏⲥ B. Il aimait	ⲉⲛⲉ ⲁ...... ⲙⲉⲥ ⲉⲛⲉ ⲁⲁ..... ⲙⲏⲥ B. ⲉⲛⲉ ⲁⲣⲉ.... ⲙⲉⲥ Il ou elle aimait "	ⲉⲛⲉ ⲁⲥⲙⲉⲥ ⲉⲛⲉ ⲁ... ⲁⲥⲙⲉⲥ ⲉⲛⲉ ⲁⲁⲥⲙⲏⲥ B. Elle aimait. " "
2e pers.	ⲉⲛⲉ ⲁⲕⲙⲉⲥ Tu aimais	"	ⲉⲛⲉ ⲁⲣⲉⲙⲉⲥ Tu aimais
1re pers.	"	ⲉⲛⲉ ⲁⲓⲙⲉⲥ J'aimais	"

Pluriel

	Masculin	Commun	Féminin
3e pers.	"	ⲉⲛⲉ ⲁⲩⲙⲉⲥ ⲉⲛⲉ ⲁ...... ⲙⲉⲥ ⲉⲛⲉ ⲁ....... ⲁⲩⲙⲉⲥ ⲉⲛⲉ ⲁⲁⲩⲙⲏⲥ B. ⲉⲛⲉ ⲁⲣⲉ (B. ⲁⲗⲉ).... ⲙⲉⲥ Ils ou elles aimaient	"

---

[1] Schwartze, Gr. Copt. p. 300-301.

2e pers.	"	ⲉⲛⲉ ⲁⲧⲉⲧⲉⲛⲙⲉⲥ [illegible] ⲉⲛⲉ ⲁⲣⲉⲧⲉⲛⲙⲉⲥ [illegible] Vous aimiez	"
1re pers.	"	ⲉⲛⲉ ⲁⲛⲙⲉⲥ [illegible] Nous aimions.	"

La forme ⲉⲛⲉ ⲉⲥⲙⲉⲥ suit toutes les règles de la forme ⲉⲥⲙⲉⲥ. L'ⲉ de ⲉⲛⲉ et les auxiliaires ⲁ, ⲉ qui viennent après lui se contractent et l'on a ⲉⲛⲁⲥⲙⲉⲥ, M. ⲉⲛⲉⲥⲙⲉⲥ, T.(1)

2e Forme apocopée en ⲛⲉ.

Singulier

	Masculin	Commun	Féminin
3e pers.	ⲛⲉ ⲁϥⲙⲉⲥ ⲛⲉ ⲁ... ⲁϥⲙⲉⲥ ⲛⲉ ⲁⲁϥⲙⲏⲥ B. Il aimait	ⲛⲉ ⲁ.... ⲙⲉⲥ ⲛⲉ ⲁⲁ.... ⲙⲏⲥ ⲛⲉ ⲁⲣⲉ.... ⲙⲉⲥ Il ou elle aimait	ⲛⲉ ⲁⲥⲙⲉⲥ ⲛⲉ ⲁ.... ⲁⲥⲙⲉⲥ ⲛⲉ ⲁⲁⲥⲙⲏⲥ B. Elle aimait.
2e pers.	ⲛⲉ ⲁⲕⲙⲉⲥ Tu aimais	"	ⲛⲉ ⲁⲣⲉⲙⲉⲥ Tu aimais
1re pers.	"	ⲛⲉ ⲁⲓⲙⲉⲥ J'aimais	"

Pluriel

3e pers.	"	ⲛⲉ ⲁⲩⲙⲉⲥ ⲛⲉ ⲁ.... ⲙⲉⲥ ⲛⲉ ⲁ... ⲁⲩⲙⲉⲥ ⲛⲉ ⲁⲁⲩⲙⲏⲥ B. ⲛⲉ ⲁⲣⲉ [ⲁⲗⲉ B.]... ⲙⲉⲥ Ils ou elles aimaient	"
2e pers.	"	ⲛⲉ ⲁⲧⲉⲧⲉⲛⲙⲉⲥ ⲛⲉ ⲁⲣⲉⲧⲉⲛⲙⲉⲥ Vous aimiez	"

(1) Schwartze, Gr. Copt., p. 440-441.

1re pers. " ⲚⲈ ⲀⲚⲘⲈⲤ Nous aimions "

L'ⲉ de ⲛⲉ et les auxiliaires ⲁ, ⲉ, peuvent se contracter en ⲛⲁⲓⲙⲉⲥ M. B. ⲛⲉⲓ̈ⲙⲉⲥ T. B.[2] La forme apocopée avec redoublement de ⲛ se conjugue sur la forme apocopée simple.[2]

L'auxiliaire [hieroglyph] pu, copte ⲡⲉ, a conservé le même emploi qu'il avait dans les textes hiéroglyphiques et démotiques. C'est un auxiliaire impersonnel qui se place après le mot ou le membre de phrase qui lui sert de sujet:

Ⲁⲛⲟⲕ ⲡⲉ Ⲅⲁⲃⲣⲓⲏⲗ ⲫⲏⲉⲧⲟ̀ϩⲓ ⲉ̀ⲣⲁⲧϥ
[hieroglyphs]
Je suis Gabriel celui qui se tient

ⲙ̀ⲡⲉⲙⲑⲟ ⲙ̀ⲫϯ
[hieroglyphs]
devant Dieu [3]

Ⲡⲁⲓ̈ ϭⲉ ⲡⲉ ⲡⲙⲩⲥⲧⲏⲣⲓⲟⲛ ⲉⲧⲙⲙⲁⲩ ⲡⲁⲓ̈ ⲉⲛⲧ ⲁϥϣⲱⲡⲉ
Cela donc c'est le mystère qui s'est fait

ⲛ̄ ⲧⲩⲡⲟⲥ ⲉⲧⲃⲉ ⲡⲅⲉⲛⲟⲥ ⲉⲧⲟⲩⲛⲁϫⲡⲟϥ
type pour la race et l'espèce.[4]

Il se met aussi après les divers temps où se trouve l'auxiliaire ⲁ, ⲉ, après le présent parfait auquel il donne la valeur de l'imparfait plus-que-parfait:[5]

Ⲉϥⲙⲟⲟϣⲉ ⲡⲉ ϩⲛ̄ ⲓ̈ⲉⲣⲓⲭⲱ
Il se promenait dans Jéricho [6]

après l'imparfait plus-que-parfait dont il ne modifie

---

[1] Schwartze, Gr. C., p. 441. Cette forme est la seule que connaisse Peyron. Gr. Gr. C. p. 96-97, 100. [2] Schwartze, Gr. C., p. 442.
[3] Luc, I, 19 [4] Pistis Sophia, p. 64, l. 24-26.
[5] Schwartze, Gr. C., p. 441-442. [6] Luc XIX, 1 (Version Thébaine).

/ pas le sens:[1]

Ⲟⲩⲟϩ ⲉⲁϥϣⲉ ⲉϩⲟⲩⲛ ⲛⲁϥⲙⲟϣⲓ ⲡⲉ ϧⲉⲛ ⲓⲉⲣⲓⲭⲱ.
Étant entré, il se promenait dans Jéricho[2]

Il y a entre l'égyptien [hieroglyph], pu, et le copte ⲡⲉ cette différence que [hieroglyph] pu peut entrer dans toutes les phrases, quels que soient le nombre et le genre du sujet, au lieu que ⲡⲉ a genre et nombre: il est masculin singulier comme l'article défini thébain ⲡⲉ, le.[3] Si le sujet de la phrase est féminin, c'est l'article féminin ⲧⲉ qu'on emploie,

Ⲑⲏ ⲇⲉ ⲉⲧⲉ ⲟⲛⲧⲱⲥ ⲟⲩⲭⲏⲣⲁ ⲧⲉ ⲉⲥⲥⲟϫⲡ ⲙ̀ⲙⲁⲩⲁⲧⲥ
Mais celle qui est vraiment veuve, étant demeurée seule,

ⲁⲥⲉⲣϩⲉⲗⲡⲓⲥ ⲉ̀ⲫϯ
espère en Dieu.[4]

Si pluriel, c'est l'article pluriel ⲛⲉ,

Ⲛⲑⲱⲧⲉⲛ ⲛⲉ ⲫⲟⲩⲱⲓⲛⲓ ⲙ̀ⲡⲓⲕⲟⲥⲙⲟⲥ
Vous êtes la lumière du monde[5]

Toutefois, ces distinctions ne sont pas absolues: ⲡⲉ s'unit souvent à un sujet féminin,

Ⲡⲉⲩϩⲁⲏ ⲡⲉ ⲧⲙⲛⲧⲡⲉⲧϣⲟⲩⲉⲓⲧ
Leur fin c'est la vanité.[6]

ou pluriel,

Ⲛⲑⲱⲧⲉⲛ ⲡⲉ ⲡⲓⲙⲟⲩ ⲙ̀ⲡⲓⲕⲁϩⲓ
Vous êtes le sel de la terre[7]

Ⲧⲉ se met quelquefois pour le masculin,

Ⲡⲁⲓⲃⲁⲣⲁⲃⲃⲁⲥ ⲇⲉ ⲛⲉ ⲟⲩⲥⲟⲛⲓ ⲧⲉ
Or ce Barabbas était un voleur[8]

---

(1) Peyron, Gr. C., p. 100; Schwartze, Gr. C., p. 440-441.
(2) Luc XIX, 1 (Version Memphitique) (3) Peyron, Gr. C, p. 150; Schwartze, p. 418-41
(4) I Timothée V, 5. (5) Matth. V, 14 (6) Mingarelli, 315.
(7) Matth. V, 13. (8) Jean XVIII, 40.

et ⲛⲉ pour le singulier,

Ⲉⲛⲁⲣⲉⲕⲉⲙⲓ ⲡⲉ ⲉ̀ϯⲇⲱⲣⲉⲁ̀ ⲛ̀ⲧⲉⲫϯ ⲟⲩⲟϩ ϫⲉ ⲛⲓⲙ ⲡⲉⲧ-
Si tu connaissais le don de Dieu et qui est celui qui

ϫⲱ ⲙ̀ⲙⲟⲥ ⲛⲉ ϫⲉ ⲙⲟⲓ ⲛⲏⲓ ⲛ̀ⲧⲁⲥⲱ
dit : Donne-moi à boire.(1)

Le temps passé de ces auxiliaires se forme régulièrement en plaçant devant eux la marque du passé ⲉⲛⲉ, ⲛⲉ,(2)

Ϧⲉⲛ ⲧⲁⲣⲭⲏ ⲛⲉ ⲡⲓⲥⲁϫⲓ ⲡⲉ ⲟⲩⲟϩ ⲡⲓⲥⲁϫⲓ ⲛⲁϥⲭⲏ ϧⲁⲧⲉⲛ
Au commencement était le verbe et le verbe demeurait en

ⲫϯ ⲟⲩⲟϩ ⲛⲉ ⲟⲩⲛⲟⲩϯ ⲡⲉ ⲡⲓⲥⲁϫⲓ
Dieu et Dieu était le Verbe (3)

L'origine de ces distinctions est facile à voir. Par suite de changements phonétiques fort naturels, l'auxiliaire pû et l'article pâ prirent même son et même orthographe ⲡⲉ, si bien qu'une confusion se produisit et qu'on s'habitua à ne plus établir de différence entre eux. Cette confusion remonte assez haut ; dès la XVIIIe dynastie on trouve des cas où pûï et païi sont usités l'un pour l'autre. Cela était d'autant plus naturel qu'il y avait entre les deux mots identité d'origine et probablement, au débret de la langue, identité d'emploi.(4) Une fois admis que ⲡⲉ était l'article masculin employé comme auxiliaire, la logique exigeait qu'on assimilât l'auxiliaire tû, ⲧⲉ, à l'article féminin tâ, ⲧⲉ, la, et qu'on employât l'article pluriel ⲛⲉ lorsque le sujet de la phrase était au genre féminin et au nombre pluriel. Ainsi, par

(1) Jean, XIV, 10.
(2) Peyron, Gr. C. p. 151 ; Schwartze, p. 419.
(3) Jean, I, 1
(4) Voir plus haut ; p. 16-20.

59 la seule force de l'analogie, la langue égyptienne arrivée au dernier période de son existence se trouva reportée aux premiers jours de son histoire, à l'époque où verbes substantifs et auxiliaires ne faisaient qu'un et pouvaient passer l'un pour l'autre.

L'auxiliaire ⲧⲉ, [hiéroglyphes], marque le présent.[1]

ϪⲈ ⲁⲛⲟⲛ ⲧⲉⲛⲟⲓ ⲛ̄ⲟⲩⲁⲓ ⲛ̄ⲱⲓⲕ [2]

[hiéroglyphes]

Car nous sommes un seul pain.

Ⲁⲗⲗⲁ ϯϫⲱ ⲙ̄ⲙⲟⲥ ⲛⲱⲧⲉⲛ ϩⲁ ⲛⲏⲉⲧⲥⲱⲧⲉⲙ

Mais je vous dit à vous qui écoutez.[3]

Auxiliaire ⲧⲉ, [hiéroglyphes], tû.

Présent

	Masculin	Commun	Féminin
3e pers.	"	"	"
2e pers.	"	"	ⲧⲉⲙⲉⲓ [hiéroglyphes] Tu aimes
1re pers.	"	ϯⲙⲉⲓ [hiéroglyphes] J'aime	"

Pluriel

	Masculin	Commun	Féminin
3e pers.	"	ⲧⲟⲩⲙⲉⲓ [hiéroglyphes] Ils ou elles aiment	"
2e pers.	"	ⲧⲉⲧⲉⲛⲙⲉⲓ [hiéroglyphes] Vous aimez	"

---

(1) Peyron, Gr. C., p. 93; Schwartze, Gr. C., p. 432-433.
(2) Luc VI, 27
(3) I Cor., XVII, 17.

ⲧⲉⲛⲙⲉⲓ

1re pers. » [hiéroglyphes] »
Nous aimons

Le verbe [hiéroglyphe] ari, faire, qui n'entrait que par occasion dans l'ancienne conjugaison égyptienne est entré définitivement dans la conjugaison copte. Combiné avec l'auxiliaire ⲁ, ⲉ, il fournit aux temps en ⲁ, ⲉ, la deuxième personne du singulier féminin et la troisième personne commune du singulier et du pluriel.[1] Uni à la racine factitive ⲧ, ϯ, donner, faire, et suivi des pronoms suffixes des personnes, il se met devant les racines et crée une forme de futur, d'ailleurs assez rare:[2]

Ⲟⲩⲟϩ ϩⲏⲡⲡⲉ ⲧⲉⲣⲁⲉⲣⲃⲟⲕⲓ ⲟⲩⲟϩ ⲛ̄ⲧⲉⲙⲁⲥⲓ ⲛ̄ⲟⲩϣⲏⲣⲓ
Et voici que tu concevras et tu mettras au monde un enfant.[3]

Précédé de ⲙⲁ, donne, fais, et suivi des pronoms suffixes, l'auxiliaire ⲁⲣⲉ prête aux verbes qu'il affecte le sens de notre impératif.[4]

Ⲡⲉⲛⲓⲱⲧ ⲉⲧϧⲉⲛ ⲛⲓⲫⲏⲟⲩⲓ ⲙⲁⲣⲉϥⲧⲟⲩⲃⲟ ⲛ̄ϫⲉ
Notre père qui es dans les cieux que soit sanctifié
ⲡⲉⲕⲣⲁⲛ+ ⲙⲁⲣⲉⲥⲓ ⲛ̄ϫⲉ ⲧⲉⲕⲙⲉⲑⲟⲩⲣⲟ ⲡⲉⲧⲉϩⲛⲁⲕ
ton nom; que vienne ton règne et que ta volonté
ⲙⲁⲣⲉϥϣⲱⲡⲓ ⲙ̄ⲫⲣⲏϯ ϧⲉⲛ ⲧⲫⲉ ⲛⲉⲙ ϩⲓϫⲉⲛ ⲡⲓⲕⲁϩⲓ
se fasse en réalité dans le ciel et sur la terre[5]

Auxiliaire ⲁⲣⲉ

Futur (ⲧ + ⲁⲣⲉ)

Masculin	Commun	Féminin
Ⲧⲁⲣⲉϥⲙⲉⲓ Il aimera	»	ⲧⲁⲣⲉⲥⲙⲉⲓ Elle aimera

---

(1) Voir plus haut. (2) Peyron, Gr. C, p.103-104; Schwartze, Gr. C. p.446.
(3) Luc. I, 31 (4) Peyron, Gr. C, p.106; Schwartze, Gr. C. p.453 (5) Matth. VI, 9-10.

2e pers.	ⲧⲁⲣⲉⲕⲙⲉⲥ Tu aimeras	„	ⲧⲉⲣⲁⲙⲉⲥ Tu aimeras
1re pers.	„	ⲡⲁⲙⲉⲥ, ⲧⲁⲣⲥⲙⲉⲥ J'aimerai	„

Pluriel

3e pers.	„	ⲡⲁⲣⲟⲩⲙⲉⲥ Ils ou elles aimeront	„
2e pers.	„	ⲡⲁⲣⲉⲧⲉⲛⲙⲉⲥ ⲧⲁⲗⲉⲧⲉⲛⲙⲏⲥ B. Vous aimerez	„
1re pers.	„	ⲡⲁⲣⲛ̄ⲙⲉⲥ Nous aimerons	„

Impératif [ⲙⲁ + ⲁⲣⲉ]

Singulier

3e pers.	ⲙⲁⲣⲉϥⲙⲉⲥ ⲙⲁⲣⲉϥⲙⲏⲥ Qu'il aime	ⲙⲁⲣⲉⲙⲉⲥ ⲙⲁⲗⲉⲙⲏⲥ B. Qu'il ou qu'elle aime	ⲙⲁⲣⲉⲥⲙⲉⲥ ⲙⲁⲣⲉⲥⲙⲏⲥ B. Qu'elle aime
2e pers.	ⲙⲁⲣⲉⲕⲙⲉⲥ Aime	„	ⲙⲁⲣⲉⲙⲉⲥ aime
1re pers.	„	ⲙⲁⲣⲥⲙⲉⲥ Que j'aime	„

Pluriel

3e pers.	„	ⲙⲁⲣⲟⲩⲙⲉⲥ [ⲙⲁⲗⲟⲩⲙⲏⲥ, B] ⲙⲁⲣⲉ...ⲙⲉⲥ [ⲙⲁⲗⲉ...ⲙⲏⲥ, B] Qu'ils ou qu'elles aiment	„
2e pers.	„	ⲙⲁⲣⲉⲧⲉⲛⲙⲉⲥ Aimez	„
1re pers.	„	ⲙⲁⲣⲉⲛⲙⲉⲥ [ⲙⲁⲗⲉⲛⲙⲏⲥ, B] Aimons	„

Enfin, lorsqu'on veut marquer une action qui se répète ou simplement donner plus de force à l'expression d'une action on se sert d'un auxiliaire nouveau <u>ⲥⲩⲁ, ⲥⲩⲉ</u>, être habitué;

62 avoir coutume..., se mettre à..., tantôt suivi des suffixes et placé devant la racine,

Ⲟⲩⲟϩ ⲙⲟⲗⲓⲥ ϣⲁϥϣⲉⲛⲁϥ ⲉⲃⲟⲗϩⲁⲣⲟϥ ⲉϥϫⲟⲙϫⲉⲙ ⲉⲙⲟϥ
Et à grand peine il sort de lui tout brisé (1)

tantôt précédé de l'auxiliaire ⲉ et suivi des pronoms suffixes et de la racine

ⲉϣⲁϥⲧⲁⲩⲉ ⲉⲧⲛⲁⲛⲉϥ ⲉⲃⲟⲗ
Il porte de bons fruits. (2)

Parfois cet ⲉ additionnel est l'indice ordinaire du participe présent ou passé,

Ϩⲓⲛⲁ ⲛⲥⲉϫⲓ ⲟⲩⲕⲗⲟⲙ ⲉϣⲁϥⲧⲁⲕⲟ
Pour recevoir une couronne incorruptible (3)

Bien que les personnes du temps en ϣⲁ désignent le plus souvent une action présente, on leur trouve quelquefois le sens du passé,

Ϣⲁϥⲧⲟϭⲟⲩ
Il les a plantés (4)

Toutefois le passé ordinaire se forme régulièrement, soit par l'adjonction pure et simple de la particule ⲉⲣⲉ, ⲛⲉ, ⲛⲁ,

Ⲉⲛⲉϥϣⲁϥϫⲟⲟⲥ
Il disait (5)

Ⲛⲉϥϣⲁⲣⲉ ⲡϩⲏⲅⲉⲙⲱⲛ ⲕⲁ ⲉⲃⲟⲗ
Le préteur délivrait d'habitude. (6)

soit en intercalant le présent du temps en ϣⲁ entre la

---

(1) Luc, IX, 39
(2) Matth. VII, 17
(3) I Cor., IX, 25 (V. Th.)
(4) Mingarelli, 265 (V. Th.)
(5) Id., 264 (Th.)
(6) Matth., XXVII, 15 (V. Th.)

68 particule ⲉⲣⲉ, ⲣⲉ, ⲣⲁ et l'auxiliaire ⲡⲉ:

Neqⲁϣⲟⲩⲱⲙ ⲡⲉ ⲛⲉⲙ ⲛⲓⲉⲑⲛⲟⲥ
Il mangeait avec les gentils.[1]

Tous les grammairiens coptes s'accordent à décomposer ϣⲁ en ϣ + ⲁ, ⲁ étant l'auxiliaire [hiéroglyphes] aŭ; mais ils n'ont pas réussi à s'entendre sur l'origine du ϣ initial. Peyron y voit un verbe ϣ, solere;[2] Schwartze, le ϣ intensif,[3] qui correspond à l'[hiéroglyphe] s intensif de l'ancien égyptien; aussi, le premier appelle-t-il le temps présent d'habitude et le second présent intensif. L'opinion de Peyron me paraît d'autant plus vraisemblable que les textes hiéroglyphiques nous donnent des exemples du verbe [hiéroglyphes] sāā, avoir coutume de....., se mettre à...., employé de la même manière que le ϣⲁ des Coptes:[4]

[hiéroglyphes]
Sāā āxax
Se mettre à fleurir

[hiéroglyphes]
Sāā ari
Se mettre à faire.

Toutefois, la décomposition qu'il propose en ϣ + ⲁ, [[hiéroglyphes] sāā + [hiéroglyphes] aŭ] me paraît inutile: il est plus simple d'admettre, comme je l'ai fait, que ϣⲁ se conjugue, d'après l'ancienne méthode égyptienne, en prenant comme suffixes les pronoms personnels. Que de l'idée de présent ou de passé d'inception ou d'habitude, on en soit venu par degrés à exprimer une idée de présent ou de passé quelconque, cela n'a rien de bien étonnant en soi. Le passage de l'idée

---

[1] Ad Galatas II, 12.
[2] Peyron, Gr. C., p. 97-98
[3] Schwartze, Gr. C., p. 424
[4] Brugsch, Dictionnaire, s.v. [hiéroglyphes]

d'habitude à l'idée d'action simple est trop fréquent dans toutes les langues, pour exiger une démonstration nouvelle à propos du copte.

§ – III.

En intercalant entre l'auxiliaire et le verbe une préposition qui marque la direction de l'action accomplie ou subie par le sujet.

a – En ancien Égyptien.

Les prépositions qui entrent dans la conjugaison sont au nombre de deux: [hiéroglyphe] hér et [hiéroglyphe] er. Elles s'intercalent entre l'auxiliaire et le verbe pour marquer: la première une action passée, présente ou future; la seconde, plus spécialement, une action future.

L'origine de [hiéroglyphe] hér et de sa forme abrégée [hiéroglyphe] hi n'est pas douteuse. Elle se rattache au mot [hiéroglyphe] hér, face, figure:

[hiéroglyphes]
Aû-w χoprû hi ar-t seχaû-u hékaû-u (1)
Il se met à faire des écrits magiques,

devrait se traduire littéralement par: « Il devint face à faire des écrits magiques; »

[hiéroglyphes]
Hâ pa râ hi sotem speru-u-w neb (2)
Le Soleil entendit toutes ses plaintes,

par: « Se tint le Soleil *face* à entendre toutes ses plaintes; » enfin,

---

(1) Papyrus Rollin, l. 1

(2) Papyrus d'Orbiney, pl. VI, l. 5-6.

Aû pai-set hai hér.... âû-u m rûhâ (1)
Son mari revint le soir,

« Fut son mari face à revenir le soir. »

Je n'ai pas observé qu'il y eût grand différence d'emploi entre les temps formés par intercalation de hér, et les temps formés, soit par agglutination pure et simple des suffixes pronominaux à la racine attributive, soit par l'adjonction à cette même racine des verbes auxiliaires. Il n'en est pas de même du temps formé par intercalation de la préposition er. er indique le mouvement, le transport d'un point de l'espace à un autre point de l'espace:

Aû-k hai r paï-k bai n âs'-u (2)
Tu descends vers ta barque de cèdre.

et, par suite, d'un moment du temps à un autre moment du temps. C'est là ce qui explique pourquoi dans la plupart des cas où on la rencontre en conjonction avec un des auxiliaires et une racine verbale, elle donne à l'ensemble de l'expression le sens d'un futur:

Ar zod-ek zes-ek en teu-ek hâpi ateu nuter-u anmâ
Si tu dis toi-même à ton père Hâpi père des dieux : Que

bes mû hér-[ap] du Aû-w er ar-t ma zod-tu-n-ek neb. (3)
monte l'eau au sommet du mont! il fera selon ce que tu auras dit.

Xer an aû-a r zod-tu-w en ûa. (4)
Certes, je ne le dirai à personne.

(1) Pap. d'Orbiney, pl. IV, l. 7.
(2) Prisse, Mon. Egypt. pl. XXI, l. 21-22.
(3) Papyrus Anastasi IV, pl. IV, l. 6.
(4) Papyrus d'Orbiney, pl. IV, l. 1.

66 Les auxiliaires, ar et pû exceptés, peuvent se combiner de la sorte avec les prépositions hér et er. Les formes verbales qui résultent de cette combinaison sont toutes construites sur un même modèle invariable : en tête de la période, l'auxiliaire suivi du sujet, quand il y en a un, que ce sujet soit un nom, un membre de phrase ou un pronom suffixe, ensuite la préposition intercalaire, enfin la racine verbale.

Présent

	Masculin	Commun	Féminin
		Singulier	
3e pers.	Aû-sw hér mer Il aime	"	Aû-s hér mer Elle aime
2e pers.	Aû-k hér mer Tu aimes	"	Aû-t hér mer Tu aimes
1e pers.	"	Aû-a hér mer J'aime	"
		Pluriel	
3e pers.		Aû-sen hér mer Ils ou elles aiment	
2e pers.		Aû-ten hér mer Vous aimez,	
1e pers.		Aû-an hér mer Nous aimons.	

67 Les formes en [hieroglyphs] aû et en [hieroglyphs] tû prennent souvent le sens du passé. Quelquefois même on leur trouve un temps passé composé de l'auxiliaire, de la préposition et de la racine verbale au passé:

[hieroglyphs]
Aû hér mââ-n-a teb-ti-u hér Bakû-u-w (1)
J'ai vu le fondeur à son travail.

Dans la forme en [hieroglyphs] ûn et en [hieroglyphs] hâ, la marque du passé se met après l'auxiliaire.

Passé

	Masculin	Commun	Féminin
3e pers.	[hieroglyphs] Un-n-ew hér mer Il a aimé	"	[hieroglyphs] Un-n-es hér mer Elle a aimé
2e pers.	[hieroglyphs] Un-n-ek hér mer Tu as aimé	"	[hieroglyphs] Un-n-et hér mer Tu as aimé
1e pers.		[hieroglyphs] Un-n-a hér mer J'ai aimé	

Pluriel

3e pers.	[hieroglyphs] Un-n-sen hér mer Ils ou elles ont aimé
2e pers.	[hieroglyphs] Un-n-ten hér mer Vous avez aimé
	[hieroglyphs] Un-n-an hér mer Nous avons aimé

La forme avec [hieroglyph] xoper est excessivement rare, au présent et au passé.

Futur

	Masculin	Commun	Féminin
		Singulier	
3e pers.	Aû-w er mer Il aimera	"	Aû-s er mer Elle aimera
2e pers.	Aû-k er mer Tu aimeras	"	Aû-t er mer Tu aimeras
1e pers.		Aû-a r mer J'aimerai	
		Pluriel	
3e pers.		Aû-sen er mer Ils ou elles aimeront	
2e pers.		Aû-ten er mer Vous aimerez	
1e pers.		Aû-an er mer Nous aimerons.	

Pour former le futur passé, on fait suivre la racine verbale précédée de l'auxiliaire et de la préposition ⟨⟩ er, par la marque du passé suivie des pronoms suffixés des personnes.

Aû-a r šem-n-a r tā Ant pā āš
Quand je serai allé à la vallée du cèdre,

xer ar pā-nti aû-k er ar-ew-n-a (1)
alors voilà ce que tu me feras.

(1) Papyrus d'Orbiney, p. VIII, l. 3.

b._ En Démotique.

Les deux prépositions hér et — er qui, dans l'ancien égyptien caractérisaient la troisième manière de conjuguer une racine attributive n'ont plus d'emploi dans les textes démotiques. Elles sont remplacées par la préposition —, /, hiér, n dont l'intercalation entre l'auxiliaire » aû et la racine forme un temps futur, analogue au futur en — er de l'ancien égyptien.

eu tü[bal] en ro-k n mäa n Aû-u [1]
son œil de te regardera Il

n teb-tü-k metaû en nel tü en Aû-ar-k [2]
de ta main ainsi qu'il convient tout donneras Tu

3! rat-tü-s en eï n aû-ü enti nä Ah [3]
elle en viendront qui ceux Ainsi que

La substitution de / n à — r n'est pas aussi arbitraire qu'on serait tenté de le croire au premier abord. Dans toutes les langues, les semi-voyelles et les liquides permutent aisément, grâce à la fluidité de leur nature: en égyptien, leur échange est constant, comme l'a prouvé M. Goodwin.[4] La substitution de — n démotique à — er des hiéroglyphes est donc un fait entièrement régulier.

---

[1] Papyrus gnost. de Leyde, p. IX, l. 1.
[2] Id., p. IX, l. 19.
[3] Papyrus AX, 18 de Berlin.
[4] Cf. Zeitschrift, 1867, p. 85-88.

La nasale du futur prend, assez rarement d'ailleurs, la forme [demotic], dans laquelle M. Brugsch croit reconnaître le sigle démotique du verbe ⲉⲓ, aller, venir, « qui « suivi des signes pronominaux du présent est placé de« vant le verbe et donne un futur analogue à la locution « française Je vais parler, Je vais aimer, pour Je parle« rai, J'aimerai »[1]

[demotic][2]

devrait donc se transcrire dans cette hypothèse

[hieroglyphs]
Aû-w nâ tete n pâ duâû

et se traduire par : « Il va arriver à la bénédiction » Cette introduction au temps d'un verbe d'une racine autre que les racines auxiliaires serait dans la langue un fait tellement isolé qu'on peut la considérer à bon droit comme impossible et contraire au génie de l'Egyptien. Je considère ce [demotic] indice du futur comme une simple variante graphique de la préposition intercalaire [demotic], [hieroglyph], n, dérivée du signe hiéroglyphique [hieroglyph]

[demotic]

se transcrira

[hieroglyphs]
Aû-w nû tete n pâ duâû

et se traduire littéralement par : « Il arrivera à la bénédiction »

---

[1] Brugsch, Grammaire Démotique, p. 139-143.
[2] Papyrus gnostique de Leyde, p. XII, l. 18.

Futur

	Masculin	Commun	Féminin
3e pers.	[hieroglyphes] mer n Aû-w Il aimera	"	[hieroglyphes] mer en Aû-s Elle aimera
2e pers.	[hieroglyphes] mer en Aû ar-k Tu aimeras	"	[hieroglyphes] mer en aû-t Tu aimeras.
1e pers.		[hieroglyphes] mer n Aû-i J'aimerai	

Pluriel

3e pers.	[hieroglyphes] mer n Aû-w Ils ou elles aimeront
2e pers.	[hieroglyphes] mer n Aû-ten Vous aimerez
1e pers.	[hieroglyphes] mer n Aû-an Nous aimerons

A toutes les personnes on peut substituer à la préposition —, ⌣, sa variante graphique ⌓ sans altérer en rien le sens ou la forme du temps.

c— En Copte

La langue des textes démotiques avait substitué à la préposition ⊂⊃ er de l'ancien égyptien, la préposition —, ⌓, n. Le copte a conservé et la préposition ⊂⊃ er des époques classiques et la préposition ⁄ n du démotique: il forme son futur en intercalant entre l'auxiliaire suivi des pronoms suffixes des personnes et la racine: 1° La préposition ė, dérivée de ⊂⊃ er; 2° La préposition ɴ vocalisée ɴɛ, ɴe.

1° Futur formé par intercalation de la préposition ė.

Singulier

	Masculin	Commun	Féminin
3° pers.	Eqėѡѡes Il aimera	epėѡѡes Il ou elle aimera	ecėѡѡes Elle aimera
2° pers.	ekėѡѡes Tu aimeras	"	epėѡѡes Tu aimeras
1° pers.		Esėѡѡes J'aimerai.	

Pluriel

3° pers.	Eѵėѡѡes, epėѡѡes Ils ou elles aimeront
2° pers.	Epeтeɴėѡѡes, eѵeтɴėѡѡes Vous aimerez
1° pers.	Eɴėѡѡes Nous aimerons.

2° Futur formé par intercalation de la préposition ɴ.

Singulier

	Masculin	Commun	Féminin
3° pers.	ϩqɴϩѡѡes Il aimera	ϩpe.....ɴϩѡѡes Il ou elle aimera	ϩcɴϩѡѡes Elle aimera
2° pers.	ϩkɴϩѡѡes Tu aimeras	"	ϩpeɴϩѡѡes Tu aimeras
1° pers.		Aѕɴϩѡѡes J'aimerai	

Pluriel

3° pers.	Aѵɴϩѡѡes, ϩpe.....ɴϩѡѡes Ils ou elles aimeront.

2e pers. Apetennaues
Vous aimerez
1e pers. annaues
Nous aimerons.

Les variantes qui résultent de la substitution à la forme faible en a, de la forme très faible en e, eaneues J'aimerai ou de la forme apocopée kneues, Tu aimeras, qneues Il aimera, etc. ou de l'auxiliaire т (tú) à l'auxiliaire au, se conjuguent de la même façon.

Quelquefois, le pronom préfixe et l'auxiliaire auquel il se trouve attaché sont placés après la préposition na, ne et l'on a des formes telles que

Neqϯ
Il donnera,(1)

Eqéboбk àγω neqπoonek eboλ ϩĭ πekma ǹ ϣaπe
Il t'arrachera et te transportera loin du lieu où tu es.(2)

La même explication qui nous a montré comment le ne indice du passé s'est placé avant l'auxiliaire et le pronom, nous servira pour le na, ne, du futur. Il suffit de supposer que la forme première de cette variante du futur était [e]neqϯ, il donnera, [e]neqπoonek, il te transportera, ce qui donne une forme hiéroglyphique

[e] - ne - e - q - ϯ

[e] - ne - e - q - πoone - k

---

(1) Luc, XI, 12 (Vers. Th.)
(2) Zoëga, p. 268.

§. — IV.

De la Voix passive

a. — En Ancien Egyptien.

Assez souvent la voix passive n'est marquée par aucun signe extérieur : le contexte seul peut nous apprendre que la racine verbale n'est pas à l'actif :

Zerū - w ūtennū m pesek[1]
Son talon est percé par la morsure.

Aū ro-k mek' m arpū-u hāq-t-u m tā-u āūw
Est ta bouche pleine de vin, de bière, de pain, de chair

sāï - u[2]
de gâteaux.

A coup sûr la prononciation des deux mots écrits ūtennū et mek' n'est pas la même à l'actif et au passif. En passant d'une voix à l'autre, la racine subissait une modification phonétique interne qui indiquait le changement dans la prononciation. Toutefois la rareté et le vague des signes employés à figurer les sons voyelles ne nous permettent pas de saisir ces modifications et de déterminer les lois qui les régissent.

Nous avons vu plus haut que la suffixion de l'au-

---

[1] Papyrus Anastasi III, pl. VI, l. 9
[2] Papyrus Anastasi IV, pl. III, l. 7.

xiliaire tü à une racine attributive enlève cette racine à sa signification indéterminée pour montrer que le sujet dont elle dépend est affecté de la qualité qu'elle exprime et peut, au gré de la personne qui parle ou qui écrit, donner naissance soit à des noms substantifs soit à des participes.(1) La voix passive se forme en ajoutant la syllabe tü soit directement au radical nu soit au radical conjugué à la voix active

Qrâs-ew-tü m qâs-nower(2)
Il est enseveli dans une bonne sépulture,

Rûaï-k-tü r hâ-t-ew(3)
Sauve-toi devant lui.

An-tü-w hër pa âà-u(4)
Il est porté sur l'âne.

Au passé 1° ou bien la racine agrandie par l'affixion de tü est considérée comme indivisible et l'indice du passé se place immédiatement après la marque du passif, mer-tü-n-a, J'ai été aimé, rex-tü-n-ek, Tu as été connu; 2° ou bien l'indice du passé s'intercale entre la racine et la marque du passif Mer-en-tü-a, rex-n-tü-k; 3° le sujet s'intercale entre l'indice du passé et la marque du passif: mer-n-a-tü, rex-n-ek tü

(1) Voir plus haut, page 24
(2) Sharpe, I, 4, l. 15.
(3) Papyrus d'Orbiney, pl. V, l. 10.
(4) Papyrus Anastasi IV, pl. IX, l. 12.

4° Le sujet s'intercale entre la racine et l'indice du passé suivi de la marque du passif: Mer-ā-n-tū, rex-ek-n-tū.

Sexā- ten ntū n tem-ten ran-ew.(1)
On vous ordonne de réciter son nom.

A l'exception de ar et de pū(2), les verbes auxiliaires prennent la marque du passif. On trouve fréquemment dans les textes aū-tū, tū-tū, ūntū, xoper-tū et même hā-n-tū:

Hā-n-tū [īū] r zod en hon-ew(3)
On alla dire à S. M.

littéralement: « On se tint allant dire à S. M. » Les formes aū-tū, tū-tū placées sans sujet au commencement de la phrase donnent au verbe qui suit immédiatement une valeur indéfinie et peuvent se traduire par notre On français:

tū-tū īū r senhā mākī-u meh-ew er
Quand on vient inspecter ses effets (?) il est au comble
rānānā(4)
de ses ennuis.

Tū-tū denh-t baūk(5)
On enseigne à voler à l'épervier.

Des divers auxiliaires employés à la voix active, deux

(1) Zeitschrift, 1864, p. 91. (5) Pap. Anastasi V, p. VIII, l. 8.
(2) Plus loin on trouvera la seule forme où pū ait la marque du passif. (3) Leps., Denkm. III, 128 (4) Pap. An. III, p. VI, l. 10

seulement sont usités au passif, aû et tû : encore l'usage de tû est-il généralement restreint à la forme indéfinie citée plus haut. La marque du passif se joint alors indifféremment soit à la racine seule

Aû-a rex-tû rex-kû-a ran-ek (1)
Il est su que je sais ton nom

Littéralement : « Je suis su, je connais ton nom ; »

Aû-k hotep-tû m .....â-k â.û.s. tû-k hér sotem zod-t-u-n tâ-u neb-û-u (2)
Tandisque tu reposes dans ton palais, v.s.f., tu écoutes les paroles de toutes terres.

Aû-k hems-tû m tâ wrû-t-u (3)
Tu es assis dans la chambre.

ou bien à l'auxiliaire seul :

Aû-tû-w meh' am-ew (4)
On s'empara de lui.

ou bien encore à l'auxiliaire et à la racine :

em-ro-pû aû-tû hû-tû-k (5)
ou bien tu seras battu.

Le sujet se met tantôt après l'auxiliaire comme on le voit dans les trois premiers exemples, tantôt après la racine,

(1) Todtb. cxxv, l. 1.
(2) Pap. Anast. II, pl. VI, l. 1 ; Pap. Anast IV, pl. V, l. 9-10
(3) Pap. Anast. IV, pl. XII, l. 3,
(4) Pap. Abbott, pl. IV, l. 15
(5) Pap. Anast. III, pl. VI, l. 9.

comme on le voit dans le dernier: je n'ai pas encore observé qu'il se trouvât en même temps derrière l'auxiliaire et derrière la racine attributive.

Quant aux temps formés par l'intercalation des prépositions hér, et er, ils sont de deux sortes: 1º dans les uns la marque du passif se place après l'auxiliaire; 2º dans les autres, elle se place après la racine attributive.

1º aû-tû, tû-tû, ûn-tû et au passé ûn-an-tû ne sont usités que comme formes indéfinies du passif et ne sont jamais, à ma connaissance, accompagnées d'un sujet:

Ar aû-tû hér mâš' t madamim (1)
Si on va vers Medama.

Aû-tû r ûâwrî-k rûd.(2)
On te châtiera vertement.

Tûtû hér sebâ kâarî-u hér kenken.(3)
On apprend aux chèvres (?) à danser.

Un-an-tû hér zod-n-sen pâ qâ n [χâs]-t ton.(4)
On leur fit la description de cette contrée.

2º Lorsque la marque du passif se place après la racine attributive, le sujet se met immédiatement après l'auxiliaire:

Aû-w er qrâs-tû
Il sera enseveli

(1) Pap. Anastasi I, p. XXII, l. 1
(2) Pap. Anastasi V, p. V, l. 2
(3) Pap. An. III, p. IV, l. 1; Pap. An. V, p. 8, l. 7.
(4) Prisse, Mon. Egypt., pl. XXI, l. 12.

b_ En Démotique

Comme dans l'ancien égyptien, la voix passive n'est souvent marquée par aucun signe extérieur, et le contexte seul peut nous apprendre que la racine verbale n'est pas à l'actif:

nehàs mût ar aû Ùaā (1)
s'éveillent morts sont Ceux qui

Unnower Asar bah' bāiû pā Menaû (2)
Onnophris Osiris devant l'âme Est établie

La différence entre l'actif et le passif devait alors se marquer par une modification dans la vocalisation du mot: mais ici encore la rareté et le vague des signes employés à figurer les sons voyelles ne nous permettent pas de saisir ces modifications et de déterminer les lois qui les régissent.

D'ordinaire, le passif est formé par l'adjonction de la syllabe [hiéroglyphes], tû, [hiéroglyphes] ût, au verbe conjugué de l'une des trois manières que nous avons étudiées: Lorsque l'indice du passif s'attache à la racine conjuguée sans le secours des auxiliaires, il se place soit entre la racine et le sujet,

---

(1) Papyrus gnostique de Leyde, p. XXI, l. 5.
(2) Papyrus de Pamonth, III, 27.

[illegible]

a tû duï n ï tû Nohem-[2]
leur main de délivré Que je sois

soit après le pronom sujet

[illegible]

meter en ran pà-a pû Aû tû a Ran-[2]
vérité en mon nom c'est Aô Je suis nommé

Lorsqu'il s'attache à la racine conjuguée avec le secours des auxiliaires, il se place toujours après la racine, jamais, que je sache, après l'auxiliaire et le pronom:

[illegible]
pâ-k mâä en neb pâï ek aû ar tûtû-tû Tû-ï
tes voir pour mon maître, à toi venu Je suis

[3] [illegible]
nowre-u
beautés.

Quant aux auxiliaires eux-mêmes ils ne prennent pas la marque du passif. Du moins, M. Brugsch n'a signalé et je n'ai encore rencontré dans les textes aucune forme répondant au [illegible], tûtû, [illegible] aû-tû, des textes hiéroglyphiques.

Le passé antique en [illegible] en ayant disparu, ce sont les formes résultant de l'auxiliaire qui servent à marquer le passé.

---

[1] Papyrus de Pamonth, pl. II, l. 3.
[2] Papyrus gnostique, pl. XI, l. 13.
[3] Papyrus de Pamonth, pl. I, l. 25.

c – En copte.

En passant de l'actif au passif, la racine demeure quelquefois invariable, et le contexte seul peut indiquer le sens:[1]

ϩⲓⲛⲁ ⲛ̄ⲑⲱⲧⲉⲛ ⲧⲉⲧⲉⲛⲛⲟϩⲉⲙ.

Afin que vous soyez délivrés.

ϯⲥϩⲓⲙⲉ ⲥⲟⲛϩ ⲉⲡⲉⲥϩⲁⲓ

La femme est liée à son mari.[2]

Le plus souvent néanmoins la voix passive se marque extérieurement par deux procédés différents: 1° ou bien par la mutation de la voyelle radicale quelle qu'elle soit; 2° ou bien par addition d'un suffixe à la racine.

1° – Dans le premier cas, la voyelle radicale quelle qu'elle soit se change en ⲏ.[3] Ainsi

ⲟⲩⲟϩ, placer	ⲟⲩⲏϩ, être placé
ⲥⲁϩ, écrire	ⲥⲏϩ, être écrit,
ⲙⲟⲩⲣ, lier	ⲙⲏⲣ, être lié,
ϭⲓ, recevoir	ϭⲏⲟⲩ, être reçu.

sans que pourtant la présence de l'ⲏ dans une

---

(1) Tattam, C. Gr. p. 54 (2) I, Cor, VII, 39

(3) Peyron, Gr. C., p. 21, 149; Schwartze, Gr. C. p. 456–458.

racine soit toujours la preuve certaine d'un sens passif : χн signifie également placer et être placé, ϩнп cacher et être caché, etc.[1]

La racine ainsi modifiée forme tous ses temps de la même manière que la racine primitive : ϯмнр Je suis lié, ɑⲓⲉⲥⲙⲏⲣ, Je fus lié, ⲉⲓⲉⲙⲏⲣ, Je serai lié, &c. Ce passif copte est tiré sans doute d'une forme analogue de l'ancien égyptien ; mais, comme je l'ai déjà dit, le vague des signes employés à exprimer les sons voyelles nous a empêché de retrouver dans l'égyptien ancien les lois qui régissent les modifications intérieures du passif copte.

2°. — Le participe passé passif se forme en ajoutant à la racine, soit simple, soit déjà modifiée par la mutation interne de la voyelle, soit un suffixe ⲩ, ⲟⲩ, soit un suffixe en ⲩ.

Le suffixe ⲏⲩ est plus fréquent dans le dialecte Thébain que dans les autres dialectes.[2] On trouve

ⲧⲁⲗⲟ, *placer sur*, ⲧⲁⲗⲏⲩ, *placé sur*,

ⲧⲁⲕⲟ, *user, détruire*, ⲧⲁⲕⲏⲩ, *usé, détruit*

Il semble que le suffixe copte ⲩ, ⲏⲩ, réponde à un suffixe ancien en 𓅱, 𓏲, *u*, dont il est plus aisé de soupçonner que de constater l'existence. La voyelle 𓏲, 𓅱, *u*, mise après une racine quelconque paraît

---

[1] Schwartze, Gr. C. p. 458 [2] Peyron, Gr. C., p. 149

lui donner le sens passif: [hieroglyph] ar, faire, [hieroglyph], dū, donner, écrits [hieroglyph] ar-ū, [hieroglyph] dū-ū, signifient être fait, être donné (1):

[hieroglyphs]

Dū-ū m hés-u nte sūten χer-er nuter hā n
Donné par la grâce du roi au temple d'

[hieroglyphs]

Amen em Ap-t-u (2)
Ammon- dans Ap-t-u.

Toutefois cette forme n'est pas réservée exclusivement au passif: [hieroglyph], [hieroglyph] signifient aussi bien faire, donner, qu' être fait, être donné. Il faudrait pour changer cette indication en règle certaine plus d'exemples que j'en ai rencontrés jusqu'à présent.

Le suffixe en ⲧ a plusieurs variantes qui répondent aux diverses variantes du suffixe [hieroglyph] tū de l'ancien égyptien. Quand il est réduit à ⲧ, il répond à la variante [hieroglyph] t, [hieroglyph], tū:

ⲥⲁⲛⲍⲁϣⲧ	rassasié	de	ⲥⲁⲛⲍⲁϣ
[hieroglyphs]	"	"	[hieroglyphs]
ⲥϩⲟⲩⲟⲣⲧ	maudit	"	ⲥϩⲟⲩⲟⲣ
[hieroglyphs]		"	[hieroglyphs]

Le plus souvent, il est vocalisé ⲏⲟⲩⲧ, ⲏⲩⲧ, quelquefois ⲉⲩⲟⲩⲧ, et alors il répond à la variante [hieroglyph] ūt

---

(1) Birch, E. Gr. p. 670. (2) Egypt. Gall. n° 108.

du suffixe antique

ⲧⲟⲩⲃⲟ, purifier ⲧⲟⲩⲃⲏⲟⲩⲧ M. B. purifié

ⲧⲥⲕⲟ, détruire ⲧⲥⲕⲏⲩⲧ, T. détruit,

ⲙⲟⲩ, mourir ⲙⲁⲟⲩⲧ M. ⲙⲟⲟⲩⲧ, M. T. ⲙⲉⲟⲩⲧ B.

En conjuguant la racine modifiée par l'adjonction de ces suffixes, selon les règles ordinaires, on obtient sans peine le paradigme du passif: ϯⲙⲁⲟⲩⲧ, Je suis mort ⲉⲛⲉⲓⲙⲁⲟⲩⲧ, J'étais mort, &c.[1]

Nous avons déjà signalé plus haut l'emploi de l'auxiliaire, ⲉ pour former des participes passifs.[2] Suivi des pronoms suffixes des personnes et placé en préfixe à la racine, ⲉ, répond à notre participe passif:

ⲛⲏ ⲉⲧⲉⲧⲉⲛⲛⲁⲥⲟⲛϩⲟⲩ ϩⲓϫⲉⲛ ⲡⲓ

Ce que vous lierez sur la

ⲕⲁϩⲓ ⲉⲧⲉⲩϣⲁⲡϥ ⲉⲩⲥⲟⲛϩ ϧⲉⲛ

terre sera lié dans

ⲛⲓ ⲫⲏⲟⲩⲓ ⲟⲩⲟϩ ⲛⲏ ⲉⲧⲉⲧⲉⲛⲛⲁ-

les cieux et ce que vous

---

[1] Schwartze, Gr. C. p. 458.

[2] Voir plus haut page 19 et page 50

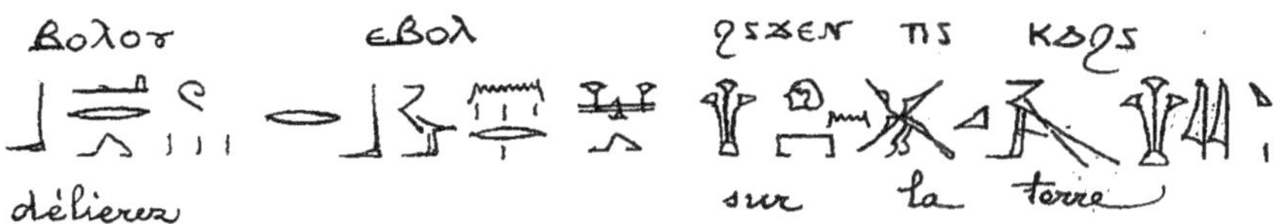

ⲉⲩⲉϣⲱⲡⲓ ⲉⲩⲃⲏⲗ ϧⲉⲛ ⲛⲓ ⲫⲏⲟⲩⲓ

sera » délié dans les cieux.(1)

Schwartze indique encore une forme en ⲉⲧ, « ⲉⲧⲕⲏⲧ B. M. S. qui construit, aedificatus.... ou bien encore ⲫⲏ ⲉⲧ ⲁⲩⲙⲓⲥⲓϥ celui qu'ils ont élevé pour rendre le Grec ὁ γεννηθείς.(2) » Je crois 1° qu'il faut faire une distinction entre l'ⲉⲧ préformatif de ⲉⲧⲕⲏⲧ, par exemple, et l'ⲉⲧ de la phrase ⲫⲏ ⲉⲧ ⲁⲩⲙⲓⲥⲓϥ; 2° que presque partout l'ⲉⲧ préformatif n'est pas le relatif ⲉⲧ, ⲛ̄ⲧ, qui, que.

1° Les phrases comme

ⲫⲏ ⲉⲧ ⲁ ⲩⲙⲥⲓϥ(3)

transcrites en Égyptien donnent:

Pā nti au-ū-u mas-ew
Celui qu'ils ont enfanté,

c'est-à-dire une phrase qui répond bien dans le texte grec à un participe, mais en réalité n'a rien de participial. ⲉⲧ est bien ici le relatif nte, qui, de l'ancien égyptien.

---

(1) Matth. XVIII, 18. (2) Schwartze, Gr. C., p. 457
(3) Marc, XI, 5.

2° Si dans les formes ⲉⲧⲕⲏⲧ, bâti, ⲉⲧⲙⲉⲥ, aimé, le préfixe ⲉⲧ était, comme le dit Schwartze, le pronom relatif, dans les livres écrits en dialectes thébains, on trouverait, au moins quelquefois, la variante thébaine ⲛⲧ pour ⲉⲧ, ⲛⲧⲉⲕⲏⲧ pour ⲉⲧⲕⲏⲧ, ce qui ne se présente jamais à ma connaissance. En second lieu, si ⲉⲧ était le relatif une forme comme ⲉⲧⲙⲉⲉⲥ transcrite en hiéroglyphes donnerait [hiéroglyphes] nti mer qui aime, aimant, c'est-à-dire, un participe présent et non pas un participe passé:[1] c'est seulement lorsque la racine se trouve élevée au passif soit par modification interne de la voyelle, soit par adjonction d'un suffixe que l'emploi du relatif aurait sa raison d'être. ⲉⲧⲕⲏⲧ, signifierait [hiéroglyphes] nti kat-u, qui est construit, construit; ⲉⲧⲧⲁⲕⲏⲧ, [hiéroglyphes] nti-tu-āqū, qui est usé, usé; ⲉⲧⲧⲉⲃⲏⲟⲩⲧ, [hiéroglyphes] nti tu-ūāb-ūt, qui est purifié, purifié.

Toutes ces considérations me portent à croire que l'ⲉⲧ préformatif n'est pas le relatif, mais simplement la forme passive [hiéroglyphes] aū-tu de l'auxiliaire [hiéroglyphes] aū. Si cette hypothèse est vraie, les différentes formes coptes que j'ai citées

---

(1) Birch, E. Gr. p. 670.

répondraient chacune à l'une des manières d'obtenir le passif employées dans l'ancien égyptien. Dans ετεεες [hieroglyphs] aû-tû meri, la marque du passif est jointe à l'auxiliaire seul, tandis que le verbe garde la forme active. Dans toutes les autres formes, l'auxiliaire et le verbe reçoivent tous deux les marques du passif : ετκητ, [hieroglyphs] aû-tû-kat-u, εττσκητ [hieroglyphs] aû-tû tû-âq-û; εττεβηουτ [hieroglyphs] aû-tû tû-ûâb-ût.

§.– V
Du Verbe réfléchi.

a.– En Égyptien ancien.

La plupart des idées que nous rendons par des verbes réfléchis étaient exprimées en ancien égyptien par des verbes ordinaires. Où nous disons : se lever, se tenir debout, s'asseoir, &c, les Égyptiens disaient : [hieroglyphs] hâ, stare, [hieroglyphs] dûn, surgere, [hieroglyphs] hems, considere.

Cependant, pour marquer le retour de l'action sur le sujet qui l'accomplit, la langue avait des termes spéciaux. 1° Elle ajoutait au verbe conjugué comme à l'ordinaire le pronom mixte de la 3e personne [hieroglyphs] sû, soi :

[hieroglyphs]
Tod mâk eï hèrï - ew - sû er hâ-t-ek (1)
Car [la mort] vient, elle s'élance devant toi.

[hieroglyphs]
Rdû-t-n-ew sû hi xà-t-ew (2)
Il se mit sur son ventre.

2° Pour donner plus d'énergie à la locution, elle ajoute au verbe conjugué avec le pronom réfléchi [hieroglyph] sû, le radical [hieroglyph] zes, suivi des pronoms suffixes des personnes (3):

[hieroglyphs]
Râ mes-sû-zes-ew
Le Soleil s'enfante lui-même.

b._ En Démotique
et en Copte.

En Démotique et en Copte, la forme en [hieroglyph] sû a disparu avec le pronom lui-même (4). Le verbe réfléchi ne diffère plus du verbe ordinaire que par le sens et nullement par une marque extérieure.

En copte, pourtant, le [hieroglyph], sû, a laissé quelques traces: réduit à la lettre c, il se soude à certaines racines verbales et conjugué avec elles d'après toutes les règles ordinaires, il les fait passer au sens réfléchi:

---

(1) Mariette, Papyrus de Boulaq, T. I, pl. XVIII, l. 1-2.
(2) de Rougé, Chrestomathie, 2e fasc. p. 68.
(3) Id., p. 69
(4) Voir Le Mémoire sur Le Pronom en égyptien.

ⲧⲱⲟⲩⲛ se lever — ⲧⲟⲩⲛⲟⲥ surgere, se

ϭⲟⲟⲗⲉ vêtir — ϭⲟⲟⲗⲉⲥ se vêtir.

Les exemples sont d'ailleurs assez rares pour nous permettre d'affirmer que les Egyptiens de langue copte avaient oublié le procédé qu'employaient leurs ancêtres pour donner aux verbes le sens réfléchi.

§. — VI.

De la Négation et de sa place dans la Conjugaison.

a. — En ancien Egyptien.

La négation se rencontre en égyptien au moins sous quatre formes différentes qui toutes peuvent se placer devant le verbe et se combiner avec les divers éléments qui servent à la conjugaison pour y nier la qualité exprimée par la racine attributive. La nature et l'origine de trois de ces particules an, bu [ben] et am sont conformes à ce que nous savons de l'origine et de la nature des particules négatives dans la plupart des langues connues. Il ne semble pas que l'Egyptien ait, dès le principe, imaginé un signe spécial pour exprimer d'une manière absolue l'idée de négation: il a détourné de leur signification primitive diverses racines pronominales ou locatives qui, d'abord employées à marquer l'éloignement ont fini par prendre le sens négatif.

On se rappelle qu'en étudiant la particule [hiéroglyphe] an, [hiéroglyphe] n, j'ai observé que, placée à la suite des articles ordinaires [hiéroglyphe] pa, [hiéroglyphe] ta, [hiéroglyphe] na, elle les transforme en pronoms démonstratifs [hiéroglyphe] pen, celui-ci; [hiéroglyphe] ten, celle-ci; [hiéroglyphe] nen, ceux-ci.[1] Je n'hésite pas à reconnaître dans [hiéroglyphe] an négatif, le pronom démonstratif [hiéroglyphe] an, [hiéroglyphe] n, qui sert de finale à [hiéroglyphe] pen, [hiéroglyphe] ten, et [hiéroglyphe] nen. « [hiéroglyphe] an, écrit [hiéroglyphe] an, est devenu adverbe démonstratif avec le sens de là-bas:

[hiéroglyphes]
An ūn ma qademū-w[2]

signifie littéralement: « Là-bas [pas ici où il est] est son semblable » c'est-à-dire: « Il n'a pas son semblable. » Nous-mêmes nous employons encore tous les jours des formules d'éloignement: « Loin de moi l'idée de..... Loin de faire telle ou telle chose..... » qui équivalent à des formules de négation. Et en effet, comme l'a dit Bopp,

---

[1] Voir. Mémoire sur le pronom en Egyptien.

[2] Greene, Fouilles, pl. I, l. 10.

à propos des langues ariennes, nier qu'une personne ou une chose possède une qualité n'est pas détruire cette qualité, c'est constater simplement qu'elle est éloignée de la personne ou de la chose à qui on la refuse.(1)

bû et am ne se rapportent pas à des racines pronominales, mais à des racines attributives marquant le lieu , , . bû et , , mâ. C'est là ce qui explique le sens négatif de phrases comme:

Aû bû rex-k pâ mâtennû (2)
Tu ne connais pas le chemin.

Am ar per er bûnro (3)
Ne sors pas dehors.

Ce sont primitivement des locutions locatives : est le lieu [bû] de ton connaître le chemin; le lieu [am] de faire sortir au-dehors. Pour se rendre compte de ces tournures, il faut songer que le geste accompagnait ces mots et, pour ainsi dire, en soulignait la signification.(4) « Là-bas [exprimé par le geste] est le lieu où tu connais le chemin ;

---

(1) Bopp, Grammaire Comparée des Langues Indo-Européennes Trad. Bréal. T. II, p. 343.
(2) Papyrus Anastasi I, pl. XXIV, l. 1.
(3) Pap. d'Orbiney, pl. X, l. 1.
(4) Bopp, T. III, Introduction, p. XXXIII.

là bas est le lieu où tu fais sortie au-dehors.» La contre-partie et la conséquence naturelle de ces locutions est : « Ici où tu es tu ne connais pas le chemin ; ici où tu es, ne fais pas sortie au-dehors. » Dans l'esprit de toute personne qui parle, l'idée de connaître ou de sortir est divisée en deux parties ou plutôt en deux localités distinctes, celle où telle personne ou telle chose sait ou sort ; celle où telle personne ou telle chose qui parle ou dont on parle se trouve actuellement. Affirmer de soi-même ou d'un autre qu'on connaît ou qu'on sort, c'est identifier et réunir par la pensée ces deux localités éloignées ; nier, c'est maintenir leur séparation.

A [hiéroglyphes] bü se rattache une forme dérivée [hiéroglyphes] ben dont l'explication est facile à donner si on admet les principes que je viens d'énoncer. Elle résulte de l'union de la racine locative [hiéroglyphes] bü avec le pronom démonstratif [hiéroglyphe] n et se trouve à l'égard de [hiéroglyphes] bü dans la même position que [hiéroglyphes] pen, celui-ci, à l'égard de [hiéroglyphe] pà, [hiéroglyphe] ten, celle-ci, à l'égard de [hiéroglyphes] tà, [hiéroglyphes] nen, ceux-ci à l'égard de [hiéroglyphes] nà.[1] C'est donc en réalité une sorte d'adverbe de lieu démonstratif qui, avant de devenir négation signifiait en ce lieu-ci, en ce lieu là. Peut-être même l'agglutination

---

[1] Voir dans le Journal Asiatique, le Mémoire sur le pronom.

du pronom démonstratif et de la racine locative, c'est-à-dire, en fait, l'agglutination des deux négations bû et an, donnait-elle jadis à ben un sens plus emphatique que celui de bû ou de an isolés. Mais, dans tous les endroits où je l'ai rencontré jusqu'à présent, ben paraît ne pas avoir plus de valeur que , et n'est qu'une simple variante de cette forme.

La quatrième négation tûm ne se laisse ramener ni aux pronoms démonstratifs, ni à des racines locatives. En la créant, la langue égyptienne a procédé de la même façon que l'algèbre : elle a pris un signe qui, par lui-même, marque l'idée positive de retranchement. tûm vient en effet d'une racine tema, tem, dem qui signifie couper, retrancher. Aussi reçoit-il souvent les pronoms suffixes :

Tûm - ek hems ûa.(1)
Afin que tu ne restes pas seul.

mot-à-mot : afin que soit retranchement de toi restant seul :

An [χàs-t] tûm-n-ek χend- es.(2)
Il n'y a pas une contrée que tu n'aies parcourue.

(1) Pap. d'Orbiney, p. IX, l. 6.

(2) Prisse, Mon. Eg., pl. XXI, l. 15.

c'est-à-dire : « point n'est contrée, fut retranchement de toi parcourant elle. » Dans ce dernier exemple, non-seulement le pronom personnel, mais encore l'indice du passé n s'agglutine à la négation.

Les quatre négations n'ont pas le même emploi : trois d'entre elles an, bu et tüm entrent dans toutes les formes de la conjugaison ; la dernière am n'est usitée que dans les locutions impératives :(1)

Hâti n ún-n-a her tä m- hâ
Cœur qui étais à moi sur la terre, ne te dresse pas

er-a m metre em xesew er-a
contre moi en témoin ; ne me repousse pas en

em zazä-nú-t-u em ar-er-a em-
qualité de chef divin ; n'agis pas contre moi par-de-

bâh' nuteru em-arí regä-z-a em-
vant les dieux ; ne me fais pas opposition par-de-

bâh' nuter äa neb ament(2)
vant le dieu grand seigneur de l'Ament.

---

(1) Lepage-Renouf, On some negative particles, p. 2-4.
(2) Todtenbuch, ch. XXX, l. 1-2.

Unie à l'un des deux verbes [hiéroglyphe] ari et [hiéroglyphe] dùâ, la particule [hiéroglyphe] am sert à former un impératif prohibitif dont j'ai donné plusieurs exemples.(1)

[hiéroglyphe] am pouvait recevoir comme suffixes les pronoms sujets, au moins à la deuxième personne du singulier masculin :

[hiéroglyphes]
[Taï]-t pû ââ-t sétâ-u am-ek
C'est un écrit très mystérieux : ne

[hiéroglyphes]
rtâ mââ-s ar-t neb (2)
le laisse voir à personne.

Dans le principe, il y eut doute sur la lecture du groupe [hiéroglyphe] am : on voulut y voir un composé du préfixe [hiéroglyphe] am et de la négation [hiéroglyphe] an, ou, comme on disait alors, men : [hiéroglyphes] se lisait : Am-men-ek rtâ. Depuis la découverte de la valeur négative de [hiéroglyphe] am, tous les doutes ont disparu, et l'on s'est pris à considérer [hiéroglyphe] comme un simple déterminatif, exprimant aux yeux l'idée rendue alphabétiquement par la syllabe [hiéroglyphe] am. L'adjonction du signe [hiéroglyphe] sert à distinguer la négation suivie des pronoms personnels, 1º du thème pronominal en [hiéroglyphe] am(3), 2º de la locution [hiéroglyphe] am-ek, pour toi,

(1) Voir plus haut, page 87.
(2) Todtb., ch. CLXII, l. 12.
(3) de Rougé, Chrestomathie, 2e fasc., p. 53-54.

au sujet de toi.... dans laquelle [hieroglyphs] am est préposition et marque le régime indirect d'un verbe.

Jointes à une racine verbale qui se conjugue sans le secours des auxiliaires, les trois autres négations se placent en tête de la phrase ou du membre de phrase qu'elles déterminent:

[hieroglyphs]
an ar. a sex hēr zod-t- u mā-t (1)
Je n'ai point fait la sourde oreille aux paroles de vérité.

[hieroglyphs]
bū ïa -n- a qadenū m ab-a r hrū
Point ne m'est venu le sommeil au cœur, de jour;

[hieroglyphs]
ben sū mā- a m grāh (2)
point lui avec moi pendant la nuit.

[hieroglyphs]
Tūm teni xim-n-ew er rex - n - ew (3)
Point ne grandit celui qu'il n'a pas connu plus que celui qu'il a connu.

Toutefois, il ne serait pas juste de dire que ces trois formes peuvent s'employer toujours indifféremment l'une pour l'autre. [hieroglyphs] tūm, négation impérative ou conjonctive s'emploie comme μή en grec:

[hieroglyphs]
Am- ek s'mi āqū r tā-t-u tūm
Ne vas point paraître devant le jury de peur que (μή)

---

(1) Todtb., ch. CXXV, l. 17. (2) Pap. Anastasi IV, pl. VIII, l. 8.
(3) Stèle d'Entew au Louvre, l. 6.

ran- ek xeres[1]
ton nom ne soit en mauvaise odeur.

em arï seredaü- w em kaï m bunur
Ne le repète pas, certes! au dehors,

tüm - eu xoper em-diü-k btaü- u
de peur que cela devienne pour toi un crime

aä müt-u [2]
digne de mort.

Au contraire, ben et bü ont d'ordinaire le sens de où et ne s'emploient jamais pour marquer la négation subordonnée.[3]

Bü s'emi - k er tä n xïta.[4]
Tu ne vas pas au pays de Khita.

an paraît être une forme intermédiaire d'emploi entre tum et bü, ben.[5] Tantôt elle exprime la négation simple,

Pä haï neb am-sen an tes sü[6]
Quiconque d'entre eux tombe ne se relevera pas.

---

[1] Papyrus de Boulaq, I, pl. XVI, l. 17.
[2] Id., l. 11-12.
[3] Lepage-Renouf On some negative particles, p. 5
[4] Papyrus Anastasi I, pl. XVIII, l. 7
[5] Cf. Lepage-Renouf, p. 6-7.
[6] Papyrus Sallier III, pl. IV l. 3.

tantôt elle entre dans des phrases subordonnées :

Anχ m neni- u an nen-a-n-ek (1)
Dieu qui vis de débris [humains], que je ne sois pas débris pour toi.

J'ai déjà montré que tum pouvait prendre à volonté les pronoms suffixes des personnes (2); ben les prend aussi quelquefois, à partir de la XIXe et de la XXe dynasties (3).

Ben-a rtâ sém-ew er qam-t (4)
Je ne le laisserai pas aller en Egypte.

Ben sû nû niwû-u nâkâ-u (5)
Il n'observe point les vents contraires.

Je n'ai pas rencontré tum dans la conjugaison par auxiliaires : an, ben et bu y entrent. ben et an se mettent toujours avant l'auxiliaire :

An aû-k her waï se[t] (6)
Ne la portes-tu pas ?

Ben tû-a sdebehû-u-k[û-a] (7)
Je n'ai pas été actif.

Ar ânχ-ew ben aû-w er zesû (8)
S'il vit, il ne se relèvera pas.

Au contraire, bu se place entre l'auxiliaire et

---

(1) Todtb., Ch. VII, l. 2.
(2) Voir page 93-94
(3) de Rougé, Étude sur une Stèle, p. 159
(4) Stèle de la Bibl. Impériale, l. 23
(5) Papyrus Anastasi IV, pl. II, l. 8
(6) Pap. Sallier I, pl. VII, l. 10
(7) Papyrus An. IV, pl. XII, l. 6.
(8) Dümichen, Hist. Ins., I, pl. IV, l. 43.

le verbe:

Aû bû sû hâ m- bâh nâ ûrû-u armâu-a (1)
Il ne comparut pas devant les magistrats avec moi.

Aû bû rex-ek pâ mâtennû (2)
Tu ne sais pas le chemin.

bû s'unit souvent à l'auxiliaire pû et à ses variantes pû, pûi, pour former une négation composée (3) qui, à l'exemple de la négation simple se place au commencement de la proposition, lorsque le verbe qu'elle affecte se conjugue sans le secours des auxiliaires:

Sû gemi uxa bû pû nàu axa-u rex
Trouvé intact: les voleurs n'avaient point su

pehû-w (4)
l'atteindre.

et, dans le cas contraire, s'intercale entre l'auxiliaire et le verbe:

Xer ar sû dû-t hér-ew hér ar nà bannû-u a arû-w,
Or, s'étant appliqué à faire les méchancetés qu'il a faites,

...-... bû pûi pà Râ dû-t xoper rut-ew am-û-u (5)
mais que le soleil n'a point permis qu'il réussît,....

J'ai rencontré plusieurs fois dans un papyrus inédit

---

(1) Papyrus Anastasi VI, pl. IV, l. 8.
(2) Pap. Anastasi I, pl. XXIV, l. 1.
(3) Dévéria, le Papyrus Judiciaire, p. 132.
(4) Pap. Abbott, pl. II, l. 1
(5) Papyrus Rollin, l. 3.

du Musée de Boulaq la forme [hiéroglyphes] aû m bû pûï qui a la même valeur.

Le trait caractéristique de cette locution négative, c'est qu'elle se comporte à l'égard des verbes, comme un véritable auxiliaire composé, c'est-à-dire qu'elle prend le sujet, que ce soit un nom substantif (1) ou l'un des pronoms suffixes des personnes:

[hiéroglyphes]
χer aû m bû pûï-se-t qràs pâï-se-t atew χer em
Or elle n'ensevelit pas son père, et

[hiéroglyphes]
bû pûi-u nă χrûd-u qràs χer m ensï se-t âχe-t-u
ses enfants ne [l']ensevelissent point s'emparant de ce qui est

[hiéroglyphes]
se-t pă nti se-t-u her âχâχ-ew em pă hâû χer aû m
à elle, des biens qu'ils recherchent en ce jour; et ils

[hiéroglyphes]
bû pûi-u-û-u qràs armâ-a pâï-a atew (2)
n'ensevelissent pas avec moi mon père.

et s'adjoint, au cas échéant, le suffixe [hiéroglyphe] tû du passif:

[hiéroglyphes]
Aû bû pûï-tû qràs am-ew (3)
Il n'y avait pas eu violence en lui.

Dans toutes ces locutions, il semble que [hiéroglyphe] bû ait la force d'un substantif et signifie <u>rien</u>: [hiéroglyphes].... [hiéroglyphes] bû pû.... reχ, pourrait se traduire littéralement: « rien

(1) Dévéria, Le Papyrus Judiciaire de Turin, p. 132, note I.
(2) Papyrus de Boulaq, l. 7-10.
(3) Papyrus Abbott, pl. IV, l. 6.

fut.... ce que surent &c;» [hiéroglyphes] aû bû puïi-tû grâs « rien fut ce qui était violé en lui.»

On rencontre parfois dans les textes, surtout dans les textes de basse époque, une forme [hiéroglyphes] aû bû ar, suivie des pronoms suffixes et d'un verbe, qui signifie, avant que..., en attendant que.....

[hiéroglyphes]
Aps-t-u ntï aq aû bû ar-ew ïa r χaï (1)
Compte de ce qui se perd avant que se produise le mélange.

La présence de la négation dans cette expression est facile à expliquer. [hiéroglyphes] aû bû ar veut dire: « étant ce que ne fait pas.....» et, dans l'exemple ci-dessus: « étant ce que ne fait pas cela [i.e. ce qui se perd] allée dans le mélange.» Avant qu'une action ou une chose soit faite, elle n'existe pas encore: c'est une valeur négative. D'où la présence de la négation [hiéroglyphes] bû dans une tournure qui, au premier abord, semble purement affirmative.

Dans ces derniers temps, on a fort agité la question de savoir s'il y avait en Egyptien des formules spéciales pour exprimer la négation interrogative. On a soutenu qu'en préposant à [hiéroglyphes] ben et à [hiéroglyphes] bû, l'auxiliaire [hiéroglyphes] aû ou la conjonction [hiéroglyphes] as, on leur donnait un sens interrogatif.(2) D'après ce qui a été dit plus haut, il est aisé de voir que la présence de

---

(1) Dümichen, Geogr. Insch., t. II, pl. 83, b.
(2) Dévéria, Le Papyrus judiciaire de Turin, p. 182.

[hiér.] aû devant la négation est un simple accident de conjugaison et ne peut modifier en rien le sens général de la phrase. Pour l'adjonction de [hiér.] as, elle prête en effet à la proposition une valeur interrogative qu'on ne saurait contester. M. de Rougé n'a jamais rencontré un seul passage où [hiér.] bû ou [hiér.] ben seul fût interrogatif, [hiér.] as bû ou [hiér.] as ben n'eût pas la force d'une interrogation ?[1] Sauf ces deux cas, il faut reconnaître avec M. Chabas que les autres négations, précédées ou non de l'auxiliaire ou d'une conjonction, peuvent, suivant le contexte, marquer soit la négation pure et simple, soit la négation interrogative.[2]

b._ En Démotique.

Quelques unes des négations antiques ont disparu, ou peu s'en faut, de la langue des textes démotiques. [hiér.], [dém.], bû, si fréquent autrefois est devenu fort rare et marche toujours accompagné de l'auxiliaire [dém.], [hiér.] aû :

[démotique]

[hiéroglyphes]

personne [où] caché endroit un dans ménera Il te

[démotique]

[3] [hiéroglyphes]

te connaîtra ne monde au

Elle s'est conservée surtout dans quelques locutions com-

[1] de Rougé, Cours au Collège de France, Mai 1870.

[2] Chabas, Mélanges Égyptologiques, 3e série, T. I, p. 19.

[3] Roman démotique, p. III, l. 8.

posées, où elle est précédée de l'auxiliaire aû et suivie de l'auxiliaire , tû, ou du pseudo-auxiliaire , ar. On a de la sorte aû bû ar transcrit de l'hiéroglyphique aû bû ar et aû bû tû qui n'a pas encore été rencontré dans la langue antique. Ces deux formules signifient avant que... et marquent aussi la négation simple:

tû-s âm-u aû bû ar en duâû en-am-cu him-t tâ Sûr
manger avant de au matin le boive Que la femme

(1) w hâ- xer
cela cesse jusqu'à ce que

aû bû tû nte ânx nte nuter pâ htem tâ n Maû
ne qui vivant dieu du flamme la Suisse

(2) mût
...meurt pas

ânx nte mût aû bû tû pâ Tagretat
vit qui meurt pas qui ne le [dieu] Tagretat

(3) heh sââ
toujours jusqu'à

---

(1) Pap. gnost. de Leyde, p. V l. 1-3, Verso
(2) Papyrus de Pamonth, p. III, l. 16.
(3) Pap. gnost., p. XI, l. 13

Le composé [hiéroglyphes] ben a disparu ainsi que la forme [hiéroglyphes] am et ses composés [hiéroglyphes] em arï... [hiéroglyphes] em dû.... Il ne reste donc plus à l'état libre et d'un emploi usuel que les formes [hiéroglyphes], [démotique], [démotique] an et [hiéroglyphes], [démotique], [démotique], [démotique] tûm.

Déjà vers la XXe dynastie, la tendance qui portait l'égyptien à déplacer les marques des personnes pour les mettre avant le radical verbal et après les mots auxiliaires qui varient la conjugaison s'accusait pour quelques unes des particules négatives, pour [hiéroglyphes] ben et pour [hiéroglyphes] tûm: à l'époque démotique, ce déplacement était, dans la langue usuelle, chose définitive. En règle générale, la négation placée devant le verbe conjugué sans le secours des auxiliaires, pouvait prendre après elle les pronoms suffixes des personnes qui, dans la langue antique se plaçaient à la suite de la racine verbale

[démotique]

[hiéroglyphes]

(1) i at- sehûr i an pû sûten sehûr i An-

au nom de mon père. | me suis parjuré | pas Je ne | au nom du roi | pas me | ... | pas parjuré Je

Quand le sujet était un nom exprimé la négation se plaçait alors devant lui, et alors le verbe ne prenait pas les pronoms suffixes:

---

(1) Papyrus de Pamonth, p. II, l. 25.

(1) mâ pâ n îûarer sotem-as' χâl pâ an
lieu. au ne tarda de se rendre chambellan jeune le Point

Dans la conjugaison par auxiliaire, la négation ou ne prenait jamais ou du moins ne prenait que rarement les pronoms suffixes des personnes :

ze ek an- aû χennû n ek âq dû aû-a An
dis pas tu ne si là dedans que tu entres permets pas Je ne.

(2) a ran- n-a
mon nom à moi

Il y a d'ailleurs entre an et tûm des textes démotiques la même variété d'emploi qu'entre le an et le tûm des textes hiéroglyphiques. Le premier sert à marquer la négation pure et simple, le second à marquer la négation conjonctive ou impérative :

w χâ- dû tûm n nûter χesew, An-i (3)
ne paraît pas. pour qu'il le dieu repoussé Je n'ai pas

ro-k n serâi-ût tûm Entûw
te parle pas qu'il ne lui (4)

---

(1) Roman démotique, p. III, l. 2.
(2) Papyrus de Pamonth, p. II, l. 25
(3) Papyrus de Pamonth, p. II, l. 1
(4) Papyrus gnostique, p. X, l. 26.

Aux formes anciennes est venu se joindre une forme nouvelle [démotique], men.[1] Dans les textes hiéroglyphiques [hiéroglyphes], men, désigne toute chose mauvaise:

[hiéroglyphes]
Snozem-n-a men-t en Asar.[2]
J'ai adouci le malheur d'Osiris.

En démotique, il a encore quelquefois la même valeur:

[démotique]
[hiéroglyphes]
eu xen-men nte ze An-û[3]

Joint à la négation [hiéroglyphes] an, le [hiéroglyphes] men, hiéroglyphique signifie nullement, aucunement, jamais:[4]

[hiéroglyphes]
An meni mestû-u nuter ât-u sen.[5]
Aucun dieu n'enfante ses propres membres.

En démotique, [démotique], men, précédé, soit de la conjonction [démotique], n, nte, [démotique], n-men, soit de la préposition [démotique], et de l'auxiliaire [démotique], aû, [démotique] aû-n-men, et suivi des pronoms suffixes des personnes, forme une négation fort usitée.[6]

c.— En Copte.

La conjonction antique [hiéroglyphes], [démotique], an, revêt en copte plusieurs formes distinctes:

---

(1) Brugsch, Gr. Démot, p. 186; Dict., s.v. [hiéroglyphes], men.
(2) Todtb. ch. CXLVII, l. 13.
(3) Papyrus Rhind, Edit. Brugsch (Texte démotique).
(4) Brugsch, Dict., s.v. [hiéroglyphes] men.
(5) Brugsch, Monuments, pl. III, l. 15
(6) Brugsch, Gr. Dém, p. 186.

1° Sous la forme ⲁⲛ T. M., ⲉⲛ, B. elle se place après le temps du verbe qu'elle détermine (1):

Ⲉⲧⲉⲧⲛϣⲟⲟⲡ ⲁⲛ (2)
Vous n'êtes pas.

Ⲛⲁⲩϫⲉⲙ ⲁⲛ ⲡⲉ (3)
Ils ne trouvaient pas.

Cette forme de la négation se rencontre rarement avec les temps en ⲉⲓ, ⲁⲓ, ⲛⲉ ⲁⲓ, ⲉⲓⲛⲁ, ⲉⲧⲁⲓ M. ⲛⲧⲁⲓ T., ϣⲁⲓ, ⲛⲉϣⲁⲓ du verbe (4), souvent avec le temps en ϯⲛⲁ (5), toujours avec le temps en ⲛⲁⲓ... ⲡⲉ M., ⲛⲉⲓ... ⲡⲉ T. du copte (6).

La place que ⲁⲛ occupe à la suite du verbe, m'incline à identifier cette négation, non pas avec [hiéroglyphe] an, mais avec son dérivé [hiéroglyphe] an, en vain, nullement, que j'ai signalé dans quelques textes hiéroglyphiques (7):

[hiéroglyphes]
Duâ nà-u ùnù-u ari-tù smetï pà teb-ti
Procédèrent les magistrats à examiner le ciseleur

[hiéroglyphes]
m smetï zeraù-u m χennû tà ant
par un examen complet dans l'intérieur de la vallée,

[hiéroglyphes]
an-t bù pù-tù gem-tù-w aù reχ-ew as-t neb
en vain: il ne fut trouvé connaissant aucun des en-

[hiéroglyphes]
am (8)
droits qui s'y trouvaient.

---

(1) Peyron, Gr. C., p. 131; Schwartze, Gr. C., p. 435-439.
(2) Rom, VI, 14. (3) Act., VII, 11.
(4) Peyron, Gr. C., p. 131; Schwartze, Gr. C., 435-439.
(5) Peyron, Gr. C., p. 131; Schwartze, Gr. C., p. 449.
(6) Peyron, Gr. C., p. 131; Schwartze, Gr. C., p. 451
(7) Mémoires de l'Académie des Inscriptions et Belles-Lettres, (Savants étrangers) T. VIII, 2e partie, p. 241, note 9. (8) Id., p. 241.

Si donc j'avais à transcrire en égyptien ancien les formes coptes que je citais plus haut, je les transcrirais de la manière suivante :

ⲉ - ⲧⲉ - ⲧⲛ - ϣⲟⲟⲡ ⲁⲛ

[hiéroglyphes]

Vous êtes devenus nullement ;

ⲛ - ⲉⲩ - ϫⲉⲙ ⲁⲛ ⲡⲉ

[hiéroglyphes]

Ils trouvèrent nullement.

2° Sous la forme ⲛ̄ elle se met en préfixe devant le futur en ⲛⲁ, ⲛⲉ (1), très-rarement devant le temps en ⲉⲓ, ⲁⲓ : (2)

ⲛ̄ⲛⲁⲓⲟⲩⲉⲙ (3)
Je ne mangerai pas,

ⲛ̄ⲛⲉ ⲟⲩⲧⲁϩ ⲓ ⲉⲃⲟⲗ (4)
Que ne se produise aucun fruit.

ⲛ̄ correspond à l'ancien [hiéroglyphe] an :

ⲛ̄ - ⲛ - ⲁⲓ - ⲟⲩⲉⲙ

[hiéroglyphes]

ⲛ̄ - ⲛ - ⲉ ⲟⲩ - ⲧⲁϩ ⲓ ⲉ - ⲃⲟⲗ

[hiéroglyphes]

3° On réunit les deux formes précédentes que l'on met la seconde devant, la première derrière le verbe. De la sorte se conjugue la négation des temps en ϯ, ⲉⲓ, ⲉⲧⲁⲓ, ϯⲛⲁ : (5)

---

(1) Peyron, Gr. C., p. 135-137 ; Schwartze, Gr. C., p. 450.
(2) Peyron, Gr. C., p. 134
(3) I, Cor., VIII, 13.
(4) Matth., XXI, 19.
(5) Peyron, Gr. C., p. 131-135 ; Schwartze, Gr. C., p. 435-438, 442-443.

N̄ⲁⲣⲉⲧⲉⲛⲭⲏ ⲁⲛ [1]
Vous n'êtes pas placés

N̄ⲛⲉⲓⲛⲁⲧⲥⲁⲃⲟⲕ ⲁⲛ [2]
Je ne t'enseignerai pas

transcrits en hiéroglyphes deviendraient:

N̄ - ⲛ - ⲉⲓ - ⲛⲁ - ⲧ - ⲥⲁⲃⲟ - ⲕ ⲁⲛ
Je n'enseignerai toi nullement.

N̄ - ⲁⲣⲉ - ⲧⲉⲛ - ⲭⲏ ⲁⲛ
Vous n'êtes placés nullement.

La négation tūm, a également deux formes différentes: 1° ⲧⲉⲙ, T. B. est la transcription pure et simple de l'antique tūm; 2° ⲙ̄ⲡⲉⲣ ⲱⲧⲉⲙ M. B. est le tūm antique précédé du ϣ qui répond au s impulsif de la langue hiéroglyphique.

Ⲧⲉⲙ et ϣⲧⲉⲙ se placent tous deux après les auxiliaires et les pronoms suffixés des personnes, mais avant la racine du verbe. Comme tūm, ⲧⲉⲙ et ϣⲧⲉⲙ marquent toujours la négation impérative ou conjonctive:

Nⲁⲛⲉⲥ ⲉ-ϣⲧⲉⲙⲟⲩⲱⲙ ⲁϥ ⲟⲩⲇⲉ ⲉϣⲧⲉⲙⲥⲉ
Il est bien de ne pas manger la chair et de ne pas

ⲏⲣⲡ
boire le vin [3]

---

[1] Peyron, Gr. C., p. 134.
[2] Peyron, Gr. C., p. 135.
[3] ad Romanos, XIV, 21.

ⲚⲐⲞϤ ⲆⲈ ⲠⲈϪⲀϤ ⲚⲰⲞⲨ ϪⲈ ⲀⲀⲤϢⲦⲈⲘⲚⲀⲨ ⲈⲠⲦⲨⲠⲞⲤ
Mais lui leur dit, à savoir: Si je ne vois pas la trace

ⲚⲦⲈⲚⲦⲀϤⲦ ϦⲈⲚ ⲚⲈϤϪⲒϪ. (1)
des clous dans ses mains.

ⲀⲨⲰ ⲀⲤⲈⲢⲎⲦ ⲈϨⲀⲢⲈϨ ⲚⲤⲀⲐⲎ ⲈⲦⲘⲉⲢⲚⲞⲂⲈ ⲈⲠϪⲞⲈⲒⲤ
Et elle promit de veiller à ne plus pécher contre le Seigneur. (2)

La négation ⲙ, antique [hieroglyph], em, n'est guère usitée que dans les dialectes Thébain et Baschmourique, et aux temps en ⲈⲤ, ⲀⲤ, ⲚⲈ.... ⲈⲤ, et au futur en ⲈⲤⲈ: (3)

ⲘⲈⲔⲈϢϪⲞⲞⲤ ⲄⲀⲢ ϪⲈ

[hieroglyphs] (4)
Tu ne diras pas cela en effet, à savoir.

Diverses autres formes, qui, au premier abord, semblent résulter de ⲙ̄ (5) ou de ⲛ̄ (6) négatifs, sont au contraire le débris d'une locution négative des plus fréquentes dans l'ancienne langue: je veux parler de ⲙ̄ⲠⲈ, ⲙ̄ⲠⲀⲦⲈ, ⲙ̄ⲠⲈⲢ. Je les considère comme une contraction de l'antique [hieroglyphs] em-bū-pū, dans laquelle le ⲃ de [hieroglyphs] bū, venant à frapper sur le ⲡ de [hieroglyph] pū, s'est fondu avec lui et a donné ⲘⲠⲈ pour ⲙ̄ⲂⲠⲈ, ⲘⲠⲀⲦⲈ [[hieroglyphs], em-bū pū tū] pour ⲙ̄ⲂⲠⲀⲦⲈ, ⲙ̄ⲠⲈⲢ [[hieroglyphs] em bū pū ar] pour ⲘⲂⲠⲈⲢ.

---

(1) Joh., XX, 25.
(2) Mingarelli, 242.
(3) Peyron, Gr. C., p. 137-138; Schwartze, Gr. C., p. 436-439, 442-444
(4) Mingarelli, 293.
(5) Schwartze, Gr. C., p. 436.
(6) Peyron, Gr. C., p. 138

Ⲟⲩⲟϩ ⲁϥ- ⲟⲩⲱⲛϩ ⲙ̄ⲡⲉϥ- ϫⲱⲗ
Et il confessa et il ne désira

ⲉ̀ⲃⲟⲗ (1)
pas.

Ϫⲉ ⲛ̄-ϧⲣⲏⲓ ϧⲉⲛ ⲡⲁⲓⲉ̀ϫⲱⲣϩ ⲙ̄ⲡⲁⲧⲉ
Car dans cette nuit même, avant que

ⲟⲩⲁⲗⲉⲕⲧⲱⲣ ⲙⲟⲩϯ (2)
le coq chante,....

Ⲉ̀-ⲣⲉ-ⲧⲉⲛ-ⲛⲁ-ⲧⲱⲃϩ ⲙ̄ⲡⲉⲣ- ⲉⲣ ⲟⲩ-
Pour prier ne faites pas

ⲙⲏϣ ⲛ̄-ⲥⲁϫⲓ (3)
multiplication de paroles

Tous ces exemples montrent bien la justesse de l'identification que je propose d'établir entre ⲙ̄ⲡⲉ et em-bu-pu. Mⲡⲉ prend les pronoms suffixes comme em-bu-pu; ⲙⲡⲁⲧⲉ a le sens de avant que comme au bu ar ou entre bu. Au contraire, si on admettait la formation par ⲙ̄ négatif, on serait fort embarassé d'expliquer la présence des pronoms suffixés des personnes après l'auxiliaire impersonnel ⲡⲉ.

---

(1) Joh., I, 20. (2) Matth., XXVI, 34.
(3) Matth., ch. VI, 7.

Quant au thème [hiéroglyphes] men, déjà fréquent en démotique, il a pris en copte une importance considérable. Isolé, il est adjectif, avec le sens de nul, aucun, ⲙⲛ ⲣⲱⲙⲉ aucun homme, ⲙⲛ ⲁⲛⲁⲥⲧⲁⲥⲓⲥ, nulle résurrection, opposé à ⲟⲩⲛ ⲁⲛⲁⲥⲧⲁⲥⲓⲥ, il y a une résurrection.[1] Précédé de l'auxiliaire ⲉ, [hiéroglyphes], il devient une sorte de négation relative: « Un navire ⲉⲙⲛ ⲑⲉ ⲛϭⲛ ⲛⲉϥⲧⲁϭⲥⲉ,[2] il n'y a pas moyen de trouver ses traces. » Le thème ⲙⲛ développé en ⲙⲛⲧⲉ par l'adjonction de ⲧⲉ, [hiéroglyphes] [[hiéroglyphes] ⲙⲛⲧⲉ analogue à [hiéroglyphes] an-tu, ⲁⲧ] prend les pronoms suffixes des personnes ⲙⲛⲧⲉⲕ, [hiéroglyphes], tu n'as pas, ⲙⲛⲧⲉⲥ, [hiéroglyphes] mentu-s, elle n'a pas, &c,[3] et par la préfixion de l'auxiliaire ⲉ, [hiéroglyphes], donne une variante ⲉⲙⲛⲧ, [hiéroglyphes] [hiéroglyphes] qui prend également les pronoms suffixes. Enfin uni à la préposition [hiéroglyphes] em, et souvent même, suivi de la marque [hiéroglyphes] tu, il produit deux des négations les plus usitées de la langue copte, ⲙⲙⲟⲛ, ⲧ. [hiéroglyphes] em-men, et [hiéroglyphes] em-mentu, ⲙⲙⲟⲛⲧ, la première, toujours invariable, la seconde, toujours susceptible de s'attacher les pronoms suffixes des personnes.[4]

---

(1) Peyron, Dict., p. 96

(2) Sagesse, 224.

(3) Peyron, Dict. p. 96-97.

(4) Peyron, Dict., p. 97. Schwartze, Gr. C., p. 365. Peyron et Schwartze considèrent ⲙⲛⲧⲉ, ⲙ̄ⲙⲁⲛⲧⲉ, comme le résultat de l'union de ⲙ̄ⲙⲁⲛ avec le relatif ⲛ̄ⲧⲉ.

§ – VII.
Des Modes.

Pour marquer les rapports, soit des diverses actions entre elles, soit des diverses parties d'une action, l'Egyptien n'avait pas ces formes spéciales que nous appelons **Modes**. Selon la tournure générale de la phrase et le sens du contexte, la même combinaison de racines attributives et pronominales qui, dans un cas, marque l'action présente, ou passée ou future, peut exprimer le commandement le souhait ou la subordination sans que nulle modification interne ou externe vienne trahir le changement de sens.

Hân – tû dences[men] hâti-k [hâti-]k smen,(1)

pourrait signifier : « Est calmée ta préoccupation, ton cœur est tranquille » ; pourtant, le sens du contexte exige qu'on traduise, comme fait M. Chabas : « Que ta préoccupation soit calmée, que ton cœur soit tranquille »

Bu du-t pâ nuter xoper xeruu-u r-urud-ar(2)

dans certains cas se rendrait fort exactement par « Le dieu ne permet pas qu'il y ait hostilité entre

---

(1) Papyrus Anastasi I, pl. XXVIII, l. 4-5.
(2) Lepsius. Denkm., III, 146, 7.

nous »; mais, dans le traité de Ramsès avec le prince de X'itā, on peut y voir un souhait : « Que le dieu « ne laisse pas hostilités s'élever entre nous ! »

tum - ek kems ua,

isolé, a le sens de « Ne reste pas seul ! » réuni au membre de phrase précédent :

Ax gat-ek ua n s-himt en Bātā-u

tum - ek kems ua (1)

nous devons traduire par le subjonctif français : « Ah ! fais une femme à Bātāu, afin que tu ne restes pas seul ! » et, en tenant compte de la substitution emphatique des pronoms égyptiens « afin qu'il ne reste pas seul ! »

Souvent il est fort malaisé de distinguer la nuance véritable et le philologue ne sait trop comment il doit comprendre le texte soumis à son examen. Il paraît que les Egyptiens eux-mêmes éprouvaient parfois de la difficulté à saisir le sens de leurs phrases, car ils essayèrent de suppléer au manque de modes par divers artifices. Pour marquer le souhait ou le commandement, ils eurent recours à trois moyens.

(1) Papyrus d'Orbiney, pl. IX, l. 6-7.

1°, Mettre avant la racine conjuguée sans le secours des auxiliaires, l'interjection [hiéroglyphes] a que! utinam!

[hiéroglyphes]
A ar-t se-t mūt dem-t (1)
Ah! meure-t-elle de mort violente!

[hiéroglyphes]
A meḳ-n-a am se-t (2)
Ah! me fussé-je emparé d'elle!

2°. Le verbe [hiéroglyphes] mā, [hiéroglyphes] māï, donner, accorder:

[hiéroglyphes]
Mā ar pā [sar] n baxtan ab āā-t (3)
Accorde que fasse le prince de Baxtan une offrande magnifique.

c'est-à-dire: « Que le prince de Baxtan fasse une offrande magnifique! »

[hiéroglyphes]
Māï sexā- a-n-ek (4)
Accorde que je te dépeigne,

c'est-à-dire: « Que je te dépeigne! » La forme emphatique de [hiéroglyphes] mā, [hiéroglyphes] ammā, a la même fonction,

[hiéroglyphes]
Ammā bes mū ḥi-ap du (5)
Que monte l'eau sur la montagne

et prend quelquefois les pronoms suffixés des personnes:

[hiéroglyphes]
Ammā-ü-a pā .... n sém-t (6)
Accorde-moi l' aller.

quelquefois la marque du passif,

[hiéroglyphes]
Ammā- tü āmï - a n ..... s-i n pā kā (7)
Me soit donné que je mange du [foie] du taureau!

---

(1) Pap. d'Orbiney, pl. IX, l. 9.
(2) Id., pl. X, l. 7.
(3) Stèle de la Bibliothèque Impériale, l. 22.
(4) Pap. Anastasi I, pl. XXVII, l. 4.
(5) Prisse, Mon. Eg., p. XXI, l. 22.
(6) Pap. An. I, pl. XXI, l. 7.
(7) Papyrus d'Orbiney, pl. XVI, l. 4.

3° Donner au verbe un sens réfléchi en interposant entre la racine et le pronom suffixe la préposition [hieroglyph] er, qui marque la direction d'intention:

[hieroglyphs]
Maï - r - ek (1)
Viens pour toi

c'est-à-dire, « Viens »;

[hieroglyphs]
Rtâ ar-ek
Fais pour toi, (2)

c'est-à-dire « Fais. »

La subordination pourrait s'indiquer par l'intercalation entre les deux membres de phrase de la locution [hieroglyph], er-dûâ-t, [hieroglyph] er-rtâ, [hieroglyph] er-dû-t, pour faire, prise dans le sens de notre conjonction afin que....

[hieroglyphs]
Aû-a r sém er bû-t iû-a am er ertâ
Je m'en vais au lieu d'où je suis venu, afin que ton

[hieroglyphs]
Kopet hâti-k her iû-k her-es. (3)
cœur remplisse la mission qui t'amène.(4)

Il serait facile de multiplier les exemples et de relever mainte autre forme analogue qu'on trouve dans les textes: ceux que j'ai donnés suffisent à prouver que les Egyptiens n'avaient pas de formes spéciales pour

(1) Pap. Anastasi I, pl. XXVII, l. 5. (2) Pap. Magical de Berlin, pl. XX, l. 2.
(3) Stèle de la Bibliothèque Impériale, l. 21.
(4) Mot-à-mot, « afin que s'unisse ton cœur à ce tu es venu pour quoi. »

les Modes. Toutes les formes que j'ai citées sont des locutions complexes, de véritables membres de phrase: dans a mek-n-a comme dans mâ ar, ce qui indique la nuance de prière ou de commandement, ce n'est pas à proprement parler l'exclamation a, ou le verbe mâ. mek-n-a et ar signifieraient: « Que je m'empare! » et « Fasse.... » au même titre que a mek-n-a » et que mâ ar: a et mâ sont des mots qui renforcent le sens de la phrase, mais ne peuvent pas plus constituer un mode que Utinam! en latin, Plaise à Dieu! en Français, et mainte autre expression analogue dont se servent toutes les langues pour insister sur la valeur précative ou impérative d'une proposition ou d'un verbe. Les formes que je viens de rappeler et celles qu'on rencontre dans les textes pour marquer les rapports que les langues ariennes expriment par les Modes sont donc en réalité des formes de syntaxe dont l'Etude approfondie ne saurait trouver place dans cet opuscule.

De même en démotique. M. Brugsch, fidèle à l'usage des grammairiens coptes, indique pour le démotique un certain nombre de modes, Subjonctif, optatif, impératif, &c. Les mêmes motifs qui me font rejeter ces dénominations pour l'Égyptien antique gardent toute leur valeur en démotique. Le subjonctif se forme en effet avec la locution [démotique] n-tû, analogue à l'ancien égyptien [hiéroglyphes] ertā, [hiéroglyphes] n-dû-t, et l'optatif avec le pronom emphatique [démotique] entû....[1]

(2) ze-t-tā sā tā pā ḱi sensenau Entû-w
jamais ā terre la sur qu'il respire lui

nā mtaï-t tā χop psχent pā N-dû
des au milieu soit Pschent le Que

(3) sent-u
diadèmes.

L'optatif se forme aussi au moyen de la particule [démotique] maï, transcription exacte de l'hiéroglyphique [hiéroglyphes] maï[4]

(5) nower ek ḱer- Maā-a Maā
bonne ta face je voie Que

Quant à l'impératif, il est formé ou bien par préfixion de l'exclamation [démotique] α transcription démo-

---

(1) Brugsch, Gr. Dém., p. 144-145. (4) Brugsch, Gr. Dém., p. 146
(2) Petit Papyrus de Dresde cité par Brugsch, Gr. Dém. p. 145.
(3) Inscription de Rosette, Texte démotique, l. 26.
(5) Papyrus gnostique de Leyde, p. 11, l. 2.

tique de l'hiéroglyphique [hiéroglyphe] a, ou bien sans aucune marque extérieure,[1]

[démotique]

[hiéroglyphes]

[2] Mennower n pir rite Tûm ek Sotem
Memphis de sort qui Tum Ecoute

Ce ne sont là encore que des formes de syntaxe dérivées directement des formes de l'Egyptien antique et non pas des modes.

Dans le copte enfin, les premiers grammairiens construisant leurs grammaires à l'imitation des grammaires latines et grecques, ont signalé des formes auxquelles ils donnent le nom de Mode subjonctif, Mode optatif mode de impératif. C'est formes correspondantes aux Modes Subjonctif, Optatif, Impératif, qu'ils auraient dû écrire. En effet, les mêmes combinaisons qui dans les textes égyptiens et démotiques servent à marquer les nuances de condition, souhait, commandement, se retrouvent en copte employées aux mêmes usages. Pour marquer notre subjonctif, on se sert de la particule ⲛ̄ⲧⲉ, abrégée en ⲧⲉ;[3] pour l'impératif et l'optatif de ⲙⲁ, ou du composé ⲙⲁⲣⲉ T. M. ⲙⲁⲣⲉ, ⲙⲁⲗⲉ, B.;[4] pour l'impératif seul de l'ⲁ préfixe mis immédiatement devant la racine,[5] toutes formes dérivées directement des formes hiéroglyphiques et démotiques signalées plus haut.

---

(1) Brugsch, Gr. Dém., p. 150.
(2) Papyrus Pamonth, III, P. 16.
(3) Schwartze, Gr. C. p. 451-452.
(4) Schwartze, Gr. C., p. 453-454.
(5) Id., p. 454.

Toutefois, je ne puis m'empêcher de noter en passant que le copte, s'il avait plus longtemps vécu, aurait fini par avoir des Modes réels. Les traducteurs égyptiens des textes sacrés, pour rendre les formes modales dont étaient remplis les textes grecs qu'ils avaient sous les yeux, choisirent certaines formes de l'ancienne conjugaison égyptienne qu'ils détournèrent légèrement de leur sens primitif. Mais cette réforme, introduite dans la littérature sacrée, ne me paraît pas avoir eu le temps de se glisser dans la langue courante, et le copte mourut avant d'avoir des modes réels.

Conclusion.

Me voici arrivé à la fin de ma tâche, non sans avoir soulevé en passant bien des questions, auxquelles il m'a été jusqu'à présent impossible de répondre autrement que par des hypothèses. J'ai tâché d'exposer avec vraisemblance les principales évolutions qu'a subies le verbe Egyptien, et je pense avoir réussi sinon à les expliquer toutes, du moins à les avoir toutes indiquées. Il me reste à résumer en quelques lignes les principaux résultats de ce travail, et à déduire de ses données la chronologie des différentes formes du Verbe.

Au début de l'histoire, la langue égyptienne n'établit aucune différence entre le verbe et le nom. La racine, non susceptible de modification extérieure marque d'une manière générale une action ou une qualité que l'on applique à une personne ou à une chose par l'adjonction en préfixe ou en suffixe des pronoms personnels. [hiéroglyphes] mer-a action d'aimer + moi, n'est ni verbe ni substantif, mais selon sa position et le sens général de la phrase, il répond à notre verbe J'aime, ou bien à notre substantif Mon amour. La distinction entre l'action présente et l'action future se marque, sans indice extérieur, par un simple report de l'esprit vers le temps où l'action, qui est maintenant future, sera présente. La distinction entre l'action présente et l'action passée se marque par l'intercalation entre les pronoms indices des personnes et la racine d'une particule de possession 𓈖 n, dont j'ai déjà expliqué l'origine et l'emploi.(1)

A la deuxième époque, l'Egyptien sent le besoin d'établir une distinction radicale entre les formes du nom et celles du verbe. Plusieurs racines attributives 𓇋𓅱 aù, 𓊪𓅱 pù, 𓏏𓅱 tù, 𓃹𓈖 ùn, 𓆣 xoper, 𓉔𓂝 hâ, 𓁹 ar, perdent la plénitude de leur sens et deviennent de simples auxiliaires. Dès lors, la forme antique du verbe, sans disparaître du premier coup, prend de jour en jour une moindre importance. L'intercalation entre l'auxiliaire et la racine de prépositions qui servent à déterminer la direction de l'action accomplie par le sujet permett de noter d'une manière plus précise les divers instants de la durée. Le futur se distingue du présent, et la réunion des marques du passé à celles du futur amène la création d'un futur passé, c'est-à-dire de la notion de temps la plus complexe que les Egyptiens aient réussi à exprimer.

Dans les derniers temps, l'évolution est accomplie. La forme primitive du verbe, réservée à quelques mots seulement, a disparu de la langue, et cette élimination rend désormais impossible la confusion entre le nom et le verbe. Le système de conjugaison par auxiliaires s'est agrandi

(1) G. Maspero, Mémoire sur le Pronom Egyptien, dans le Journal Asiatique pour Mai - Juin 1871.

et fixe. L'affaiblissement progressif et la chûte de l'auxiliaire préformatif produisent même, dans le copte, des formes apocopées où le pronom personnel, placé en affixe, joue le rôle d'une véritable flexion. La nécessité de traduire en langue égyptienne des textes grecs où la distinction des modes est généralement marquée, amène même les auteurs coptes à choisir certaines formes de leur langue pour rendre certains modes du Grec et prépare ainsi les voies à la création des Modes. Malheureusement, ce nouveau mouvement d'évolution, commencé par les écrivains ecclésiastiques au moment où la vie nationale achevait de s'éteindre en Egypte, n'a pas le temps de s'étendre. La langue disparaît peu-à-peu devant les envahissements progressifs de l'Arabe et meurt au XVIIe siècle après six mille ans et plus de vie historique.

Telles sont, en peu de mots, les principales vicissitudes qu'a subies la conjugaison égyptienne. La découverte de formes nouvelles pourra changer quelques uns des traits du tableau que j'ai essayé d'en tracer : je ne pense pas qu'elle puisse en altérer les grandes lignes.

Paris, le 8 Octobre 1871.

Imp. Callet, 31, rue de Seine.

HEINRICH (G.-A.). Histoire de la littérature allemande depuis les origines jusqu'à l'époque actuelle. L'ouvrage complet se composera de 3 forts volumes in-8°. Les deux premiers sont en vente et l'on paie à l'avance la moitié du 3ᵉ qui paraîtra prochainement. 10 fr.

HILLEBRAND (K.). Études historiques et littéraires. Tome premier : Études italiennes. In-18 jésus. 4 fr.

HUMBOLDT (G. de). De l'origine des formes grammaticales et de leur influence sur le développement des idées, traduit par A. Tonnellé. In-8°. 2 fr.

JOLY. Benoît de Sainte-More et le roman de Troie, ou les Métamorphoses d'Homère et de l'Épopée gréco-latine au moyen-âge. In-4°. 20 fr.

LAGADEUC (J.). Le Catholicon. Dictionnaire breton-français et latin, publié par R. F. Le Men, d'après l'édition de 1499. In-8°. 6 fr.

JANNET (P.). De la langue chinoise et des moyens d'en faciliter l'usage. Gr. in-8°. 2 fr.

MÉMOIRES de la Société de linguistique de Paris. Tome premier, premier fascicule : Egger. De l'état actuel de la langue grecque et des réformes qu'elle subit. — Meunier. De quelques anomalies que présente la déclinaison de certains pronoms latins. — D'Arbois de Jubainville. Étude sur le verbe auxiliaire breton *kaout*, avoir. — Bréal. Les progrès de la grammaire comparée. — Paris. *Vapidus*, « fade ». — Mowat. Les noms propres latins en *Atius*. In-8°. 4 fr.

Deuxième fascicule : Renan. Sur les formes du verbe sémitique. — Thurot. Observations sur la signification des radicaux temporels en grec. — Gaussin. Observations sur le Rhotacisme dans la langue latine. — D'Arbois de Jubainville. Étude sur le futur auxiliaire en breton armoricain. — Meyer. Phonétique provençale *O*. — Bréal. Les dialectes latins. — Mowat. De la déformation dans les noms propres. — Paris. *Gens*, *giens*. In 8°. 4 fr.

Troisième fascicule : Michel Bréal. Le thème pronominal *da*. — Charles Ploix. Étude de mythologie latine. Les Dieux qui proviennent de la racine *div*. — Charles Thurot. Observations sur la place de la négation *non* en latin. — P. Meyer. Phonétique française. *An* et *en* toniques. — Variétés. Félix Robiou. Recherches sur l'étymologie du mot *thalassio*. — Michel Bréal. *Necessum*. — Ἀνάγκη. — Gaston Paris. Étymologies françaises : *Bouvreuil*; *Cahier*; *Caserne*; *A l'envi*; *Lormier*; *Moise*. In-8°. 4 fr.

MÉNANT (J.). Essai de grammaire assyrienne. Gr. in-8°. 10 fr.

MEYER (P.). Cours d'histoire et de littérature provençales. Leçon d'ouverture. In-8°. 1 fr.

— Anciennes poésies religieuses en langue d'oc, publiées d'après les manuscrits. In-8°. 1 fr. 50

— Notice sur la métrique du chant de sainte Eulalie. Gr. in-8°. 1 fr. 50

— Fragments d'une traduction française de Baarlam et Joasaph, faite sur le texte grec au commencement du XIIIᵉ siècle. Gr. in-8° orné d'une photo-lithographie. 2 fr.

— Le salut d'amour dans les littératures provençale et française, mémoire suivi de huit saluts inédits. Gr. in-8°. 3 fr.

OPPERT (J.). Éléments de la grammaire assyrienne. 2ᵉ édit., augmentée. In-8°. 6 fr.

PARIS (G.). Étude sur le rôle de l'accent latin dans la langue française. In-8°. 4 fr.

— Grammaire historique de la langue française, cours professé à la Sorbonne en 1868, leçon d'ouverture. In-8°. 1 fr.

— Histoire poétique de Charlemagne. Gr. in-8°. 10 fr.

— Lettre à M. Léon Gautier. Gr. in-8°. 1 fr.

PAROLE (la), son origine, sa nature, sa mission. In-8°. 4 fr.

QUICHERAT (J.). De la formation française des anciens noms de lieux, traité pratique suivi de remarques sur des noms de lieux fournis par divers documents. Petit in-8°. 4 fr.

ROUGÉ (E. de). Introduction à l'étude des écritures et de la langue égyptiennes. In-4°. 20 fr.

TERRIEN-PONCEL (A.). Du langage. Essai sur la nature et l'étude des mots et des langues. In-8°. 5 fr.

WAILLY (N. de). Mémoire sur la langue de Joinville. Gr. in-8°. 4 fr.

BIBLIOTHÈQUE ELZEVIRIENNE. Collection de poëtes et prosateurs français du XIIIᵉ au XVIIᵉ siècle, format petit in-12, cartonné en toile. 134 volumes sont en vente. Chacun se vend séparément.

LES ANCIENS POÈTES DE LA FRANCE, publiés sous les auspices de S. Excellence M. le ministre de l'instruction publique, en exécution du décret impérial du 12 février 1854, sous la direction de M. Guessard. Petit in-12 cartonné en toile. — 9 vol. sont en vente. Chacun se vend séparément.

Demander le catalogue détaillé de ces deux collections qui se distribue gratuitement.

Bureau d'abonnement à la même librairie aux recueils suivants :

REVUE CRITIQUE d'histoire et de littérature, recueil hebdomadaire publié sous la direction de MM. P. Meyer, C. Morel et G. Paris. Prix d'abonnement : un an, Paris, 15 fr.; départements, 17 fr.

La cinquième année est en cours de publication.

REVUE CELTIQUE, publiée, avec le concours des principaux savants français et étrangers, par M. H. Gaidoz. 4 livraisons d'environ 136 pages chacune. Prix d'abonnement : Paris, 20 fr.; départements, 22 fr.; édition sur papier de Hollande : Paris, 40 fr.; départements, 44 fr.

RECUEIL de travaux relatifs à la philologie et à l'archéologie égyptiennes et assyriennes. 1er fascicule contenant les travaux suivants : 1. Le Poëme de Pentaour accompagné d'une planche chromolithographiée, par M. le Vicomte de Rougé, de l'Institut, conservateur honoraire du Musée égyptien du Louvre. 2. L'Expression Maâ-Xeru, par M. A. Devéria, conservateur adjoint au Musée égyptien du Louvre. 3. Études démotiques, par M. G. Maspero, répétiteur à l'École des Hautes Études. 4. Préceptes de morale extraits d'un papyrus démotique du Musée du Louvre, accompagné de deux planches; par M. P. Pierret, employé au Musée égyptien du Louvre, petit in-4°. 10 fr.

Ce recueil paraîtra par volumes d'environ 30 feuilles de texte et 10 planches in-4°, divisés en fascicules publiés à des époques indéterminées et dont le prix sera fixé suivant l'importance.

Les souscripteurs s'engagent pour un volume entier sans rien payer à l'avance.

En préparation.

Collection d'anciens textes français et provençaux, publiés sous la direction de MM. G. Paris et P. Meyer, format petit in-8°, impression sur papier vergé, en caractères elzéviriens. Tous les volumes seront accompagnés d'introductions développées et de copieux glossaires.

I. ALEXANDRE, publié par M. P. Meyer, recueil contenant : 1, le fragment d'Albéric de Besançon; 2, la version en vers de dix syllabes attribuée au clerc Simon (deux textes fournis, l'un par un ms. de l'Arsenal, l'autre par un ms. de Venise); 3, les Enfances d'Alexandre, d'après le ms. 789 de la Bibl. imp.; 4, extraits de l'*Alexandre* de Thomas de Kent, d'après les deux mss. de Paris et de Durham.

Pour paraître successivement pendant l'année 1872.

II. LES MACCHABÉES, ancienne traduction française publiée d'après le ms. unique de la bibliothèque Mazarine, par M. Breymann.

III. LE PSAUTIER LORRAIN, publié d'après le ms. unique de la Bibl. Mazarine, par M. Bonnardot.

IV. CHANSONS POPULAIRES choisies du xve siècle, par M. Gaston Paris.

V. BRUN DE LA MONTAGNE, le seul fragment connu de ce poëme, publié d'après le ms. de la Bibl. imp. par M. P. Meyer.

VI. LA VIE DE SAINTE DOUCELINE, texte original en prose provençale de la fin du xiiie siècle, publié d'après le ms. unique de la Bibl. imp., par M. P. Meyer.

VII. UN MIRACLE de Nostre Dame d'ung roy qui veult espouser sa fille, par M. Gaston Paris.

VIII. LE ROI LOOIS, fragment de chanson de geste, publié par M. Gaston Paris.

DIEZ (F.). Grammaire des langues romanes, traduction française autorisée par l'auteur et l'éditeur, et considérablement augmentée par MM. G. Paris et A. Brachet.

Ce n'est pas une simple traduction de la 3e édition allemande en cours d'impression de cette grammaire si connue que nous voulons donner. Différentes parties seront complétées par des travaux spéciaux confiés à des philologues distingués qui ont bien voulu nous promettre leur concours. C'est ainsi que jusqu'à présent MM. G. Paris et Brachet, P. Meyer, Mussafia se sont chargés de suppléments relatifs à la grammaire de l'ancien français, du provençal, de l'italien, de l'espagnol et du valaque. Ces diverses additions feront partie du dernier volume. De plus, nous donnerons en notes la traduction des passages des deux premières éditions supprimés par M. Diez dans sa dernière édition et des citations complètes de son dictionnaire étymologique; de cette manière on aura dans celle-ci toute la pensée du maître. Elle formera quatre volumes qui paraîtront par demi-volume.

Nogent-le-Rotrou, imprimerie de A. Gouverneur.

www.ingramcontent.com/pod-product-compliance
Lightning Source LLC
Chambersburg PA
CBHW051729090426
42738CB00010B/2161

9782012648197